FEMINISMUS

我需要
女性主义吗？

Juliane Frisse
［德］朱莉安娜·弗里塞 —— 著　田润晗 译

贵州出版集团
贵州人民出版社

Copyright text and illustrations © 2019 by CARLSEN Verlag GmbH, Hamburg, Germany
First published in Gemany under the title Carlsen Klartext: Feminismus
All rights reserved.

本作品简体中文专有出版权经由ChapterThree Culture独家授权
本书中文简体版权归属于银杏树下（上海）图书有限责任公司
著作权合同登记号 图字：22-2024-025

图书在版编目（CIP）数据

我需要女性主义吗？/(德) 朱莉安娜·弗里塞著；
田润晗译. -- 贵阳：贵州人民出版社，2024.9.（2025.1重印）
ISBN 978-7-221-18466-5

Ⅰ. C913.68

中国国家版本馆CIP数据核字第2024SW0553号

WO XUYAO NÜXINGZHUYI MA?
我需要女性主义吗？

[德] 朱莉安娜·弗里塞 著
田润晗 译

出版人：朱文迅	选题策划：后浪出版公司
出版统筹：吴兴元	编辑统筹：丛 铭
策划编辑：王潇潇	特约编辑：王逸菲 丛 铭
责任编辑：陈 章	封面设计：墨白空间·黄怡祯
责任印制：常会杰	

出版发行：贵州出版集团　贵州人民出版社
地　　址：贵阳市观山湖区会展东路 SOHO 办公区 A 座
印　　刷：北京盛通印刷股份有限公司
版　　次：2024 年 9 月第 1 版
印　　次：2025 年 1 月第 2 次印刷
开　　本：787 毫米 ×1092 毫米　1/32
印　　张：7.75
字　　数：90 千字
书　　号：ISBN 978-7-221-18466-5
定　　价：39.00 元

后浪出版咨询(北京)有限责任公司　版权所有，侵权必究
投诉信箱：editor@hinabook.com　fawu@hinabook.com
未经许可，不得以任何方式复制或者抄袭本书部分或全部内容
本书若有印、装质量问题，请与本公司联系调换，电话 010-64072833

目 录
CONTENTS

自 序
001/ 今天，我们还需要女性主义吗？

第1章
009/ 平权之战：什么是女性主义？

第2章
027/ 女性主义运动极简史

第3章
047/ 性别："男性"与"女性"的分类

第4章
065/ 女性形象：客体取代主体

第5章
085/ 女性身体即战场

第 6 章
113/ 性别平等的语言：星号和间隔符

第 7 章
131/ 爱只是爱？亲密关系、爱情与性

第 8 章
153/ #MeToo 运动？针对女性的暴力

第 9 章
169/ 工作：关于薪酬和配额制

第 10 章
187/ 个人的即政治的：是否成为母亲？

第 11 章
203/ 徒有其表的女性主义

第 12 章
217/ 女性主义——与男性有关吗？

第 13 章
225/ 反对的声音：反女性主义

第 14 章
235/ 现在，为女性主义身体力行

今天，我们还需要女性主义吗？
Do We Still Need Feminism Today?

自序

对我而言，女性主义植根于骨髓。每当听说或看到人们以某些方式对待女性，我都觉得难以忍受。

——吉莲·安德森

（Gillian Anderson，生于1968年，演员）

近年来，为了争取女性权益，许许多多的人都走上了街头：在美国，约有 400 万人参加了 2017 年 1 月 21 日的"女性大游行"（Women's March）；在阿根廷，20 万名女性在 2017 年国际妇女节当天进行了抗议；在西班牙，多达 530 万名女性参加了 2018 年的女性大罢工。

也许这一切都令你感到惊讶，因为直到现在你可能都还认为，女性权益的相关境况并没有那么糟糕。就算女性境况真的不容乐观，至少在德国，一切也都还好！这里的每一扇大门难道不都向着女孩和妇女敞开吗？女性不是可以成为她们希望成为的任何样子吗？毕竟，德国《基本法》的第三条规定："男女享有平等权利。"而且，2005 年以来，德国不是一直都由一位女总理[1]执政吗？

的确，在德国，女性和男性理论上拥有平等的权利，这也算是一件幸运的事。但是这个国家的女

---

[1] 默克尔的执政期为 2005 — 2021 年。——译者注（本书脚注若无特殊说明，均为译者注）

性自 1918 年起才获得投票权，自 1976 年起才被允许在婚后保留自己的姓氏，自 1962 年起才能不经丈夫允许就开设银行账户，要实现性别平等可谓道阻且长。尽管安格拉·默克尔成了联邦总理，但她也是有史以来担任这一职务的唯一女性。至今还没有一位女性担任过联邦总统，更没有女性成为联合国秘书长。德国的法律也大都由男性制定：在联邦议院的代表中，女性代表所占比例不到 31%。在这种情况下制定出的法律一定无法满足女性的需求。例如，如果一位女性意外怀孕，她仍然不能合法地进行人工流产，只能求助于非法的堕胎手术——她甚至很难找到能够为自己做流产手术的医生或机构，因为法律不允许医生们透露流产手术的相关信息。

除了政治领域，在日常生活中，令人不快的性别现象也层出不穷。"女孩在数学和自然科学方面没有天赋"这种陈词滥调没完没了，甚至变本加厉——几年前，一家大型服装零售企业推出了一款女童 T 恤，上面印着"在数学方面，我是个花瓶"。除了 T 恤标语，我们用于写作和说话的语

言同样有问题。我们的语言明显以男性为主导。例如，德语中指代职业的名词常常会借助不同后缀来指示描述对象的性别，但在泛指某个职业群体时，常常使用男性复数形式[1]，当我们提到"（男）科学家们""（男）飞行员们"时，从事科研或驾驶飞机的女性似乎应该自觉被包含在内。

在我们的社会中，劳动和金钱的分配也仍然非常不公平。谁在家里做饭、打扫卫生？谁照看婴儿、照顾卧床的老人？这些无偿劳动仍然主要由女性承

---

[1] 类似于汉语中用"他们"指代男女皆有的群体。

担。同时，女性在职场的工作收入也低于她们的男性同事。耐人寻味的是，针对女性消费者的脱毛刀、香水和美发服务却比针对男性顾客的同等商品更为昂贵。

出现这种价格差距的原因或许是女性更愿意为她们的外表花钱。毕竟，女性总是承担着巨大的外貌压力。这导致的另一个问题是，理想中的女性身材往往瘦得不切实际。在 11 岁到 15 岁的女孩中，有一半人都觉得自己太胖了，但其实她们中 75% 的人体重正常，甚至有大约 20% 的女孩体重低于正常水平。在 17 岁时，半数女孩都已有过节食经历，而在男孩中，有过节食经历的仅占 11%。人们总能在女性的身体上发现值得批评之处：八卦杂志常把封面焦点放在某位女星的身材上——"情绪化暴食超重！"[1] 或是"暴瘦！"之类的字样吸引着人们的眼球，但事实上，她的身材明明没有问题。

---

1 德语俚语"Kummerspeck"，直译为"悲伤脂肪"或"悲伤培根"，指因情绪问题导致的暴食而引起的体重增长。

不久前，女性主义还被认为是年轻女性不再需要的过时之物，但现在不同了——拥护性别平等被看作很酷的行为。碧昂丝和其他众多流行明星都声称自己是女性主义者。然而，仅靠"酷"并不能创造平等。比如，时尚品牌"Monki"推出了印有"女性主义"字样的针织帽、笔记本等系列产品，成功展示了该品牌的女性主义姿态。但在孟加拉国等地，许多女工正在"Monki"和其他平价快时尚服装工厂里工作，一顶印着标语的帽子并不能改善她们糟糕的工作条件。

这本书将告诉你，为了使我们都生活在一个性别平等的世界中，有哪些东西必须被改变，而你又能为此做些什么。它也会让你了解到，女性主义运动在对抗不公平的斗争中已经取得了哪些成果，"社会性别""性别歧视""父权制"等概念背后究竟隐藏了什么，它们又是如何一次次

与女性主义产生联系。

当然,这本书中常常会出现"女人"和"男人"、"女孩"和"男孩"的类别划分。在女性主义运动中,有许多对这种二元分类方法的批判,因为许多人都不愿或不能将自己归属于其中任何一类(第3章会详细讨论这个话题)。但到目前为止,我们的社会仍然习惯于将人分为男性和女性,并因此造成了许多弊端和歧视。为了便于理解,在这本书里,我们仍然会借助这两种性别分类来解释社会的不公正之处。

平权之战：什么是女性主义？
The Battle for Equal Rights: What is Feminism?

1

女性主义秉持的激进观点是,女人是人。

——玛丽·希尔(Marie Shear,1940—2017年,美国作家、记者、社会活动家)

当人们听到"女性主义"这个词时,往往会联想到完全不同的事情。他/她们会想到"#MeToo运动"、国际妇女节或者对男女同工不同酬的抗议,想到艾玛·沃特森或是抗议者在女性权益示威游行中头戴的粉色猫咪帽,想到堕胎权、针对管理岗位的女性配额制或者爱丽丝·施瓦泽(Alice Schwarzer)[1]。的确,这些形形色色的联想都与女性主义有关,但女性主义的要点远远不止这些!正因为女性主义的内容多种多样,甚至有人说,不如将它称作"女性多样主义"[2]吧!

所有女性主义流派都有着共同的目标,那就是实现男女权利平等,更准确地说,是在性别层面上实现权利平等。因此,女性主义是一场希望改变社

---

[1] 爱丽丝·施瓦泽,生于 1942 年,德国记者,当代著名女权主义者。她是德国女权主义杂志《艾玛》(*Emma*)的创始人和出版人。

[2] 此处为德语变体,将德语的"Feminismus"(女性主义)变为"Feminismen",在词尾加后缀"-en"是德语中较常见的复数形式。

会的政治运动。但是,这种平等究竟是什么样子?我们要如何实现建设平等社会的目标?对于这些问题,自认为是女性主义者的男性和女性常常有着极为不同的想法,有时他/她们甚至持有相反观点。例如,有些人希望国家和企业能够为女性提供更多支持、提高女性地位;而另一种观点认为,女性配额制只能使中上阶层的女性获益,并提出了更为激进的要求——只有消灭资本主义,才能实现真正的平等。此外,还有些人希望早日实现人工生育,这样女性不必经历长达 10 个月的怀孕和分娩就能成为母亲。

女性主义并不意味着一份内容固定的纲领或计划,而是代表一种信念,即我们应当通过"性别透

女性主义与妇女解放

"女性主义"一词源于法语。大约从 1890 年开始，féminisme 一词在法国的使用日益频繁。这个单词来源于法语中的 femme，即"女人"。之后，这个词逐渐演变成德语中的 Feminismus，中文译为"女性主义"或"女权主义"。在德语中，后缀"-ismus"常常用在表示政治理念、思想观点和社会运动的单词中，例如"自由主义"（Liberalismus）、"社会主义"（Sozialismus）、"无政府主义"（Anarchismus），以及我们谈论的"女性主义"。在德国，很长一段时间内人们更常用的词是"妇女解放"（Frauenemanzipation）而非"女性主义"。"女性主义"一词的普遍使用也不过是近几十年才出现的变化。

镜"来看待社会,如此便能看清不公正之处并争取平等。无论是德国文化还是其他国家和地区的文化,往往都会将人类分为两种性别——男性和女性,正是这种区分带来了各种各样的影响:我们作为人类应当如何生活,我们如何处理事务,谁掌握权力而谁两手空空……

父权制

当女性主义相关的讨论涉及权力时,人们常常会使用"父权制"这个概念。"父权制"的概念频频出现在德国的女性主义海报和标语中,例如"没有上帝,没有国家,没有父权制"(Kein Gott, kein Staat, kein Patriarchat)。一些英文标语中也有它的身影,例如"粉碎父权制"(Smash the Patriarchy)或者"在后父权制时代,我将成为后女性主义者"(I'll be a post-feminist in the post-patriarchy,意为:只要父权制存在,我就会一直是女性主义者)。那么,"父权制"究竟意味着什么?从字面上看,"父权制"的含义是"父亲的统治"。其实,这一概念描述的是一种男性比女性拥有更多权力的社会形式,一种将男性气质置于女性气质之上的社会系统。这一概念声称其依据是男性和女性之间所谓"源于自然的"差异及由此产生的不同社会角色(详情参见本书第3章)。

女性主义的抗争目标是粉碎父权制。尽管在经历过妇女解放的现代社会，女性和男性已经在法律意义上实现了平等，但父权制结构仍然无处不在。权力不平等的现象持续存在，男性始终掌握着更多的话语权。比如，虽然德国已经拥有了一位女性总理，但在商界和政界，最重要的位置仍然全部由男性占据。无论是巴斯夫、德国电信、大众汽车还是思爱普，德国规模最大的30家上市公司中没有任何一家的顶层管理者是女性。男性也比女性拥有更多财富。2012年，德国男性的人均财产数额比女性多出27000欧元。世界上最富有的8位男性拥有的财富总量与世界上相对贫穷的一半人口拥有的财富数量相当。

证明父权制系统继续存在的明确标志之一是一张著名的照片。2018年3月，德国联邦内政部长霍斯特·泽霍费尔（Horst Seehofer）展示了一张德国内政部领导成员的照片——泽霍费尔只任命男性加入他的内政部。然而，通常情况下，父权制的体现并不像这张照片那么一目了然。

并非所有投身于女性主义的人都认为"父权

制"是个恰当的概念。在一些人看来它太不精确，也有人认为它不再适合当下社会，因为如今的社会其实并没有完全把女性排除在权力地位之外。因此，他/她们更倾向于使用"男性主导的社会"或"男性气质霸权"等概念，这些概念都有着相似的含义：两性之间存在着权力不平等。

性别歧视

性别歧视（性别主义）是一种维护权力结构的工具，借助这一工具，男女之间不平等的社会地位得以维持，而这种不平等正是女性主义的批判对象。性别歧视有两种不同的定义。一种定义认为，性别歧视是指某人由于生理性别而遭到的不公平对待或歧视（本书第3章会详细讨论关于"性别"的话题），也就是说，女性也可能对男性表现出性别歧视。但认同这种定义的人通常使用"性别歧视"这一术语代指针对女性的歧视，因为她们总是遭受更多的不公平对待。另一种定义认为，性别歧视实质上是对某种性别的贬低和权力不平等的相互作用。根据这种理解，在我们的社会中不可能存在针对男性的性别歧视，因为就结构层面而言，男性总比女性拥有更多的权力。

性别歧视随处可见：在日常生活中，在校园中，在职场中，在广告中……它往往以多种多样的形式展现出来。常见的例子之一是，某位领导在公司里

性别歧视与性无关

德语中的"性别歧视"(sexismus)这一概念产生于20世纪60年代的美国妇女运动,它的构词借鉴了"种族主义"一词(英语:racism,德语:Rassismus)。当时,人们通过"性别歧视"这一概念更准确地概括了基于生理性别(sex)的歧视。英文中的"sex"一词可指生理性别,同时也有性交、性行为的含义,但性别歧视的概念与后者并无关系。

只提拔男性员工,因为他认为女性不够自信,或者认为她们很快就会怀孕。

性别歧视常表现为贬低女性或者只关注她们的外表的话语:"你们这些女孩就是不懂物理""小心女司机""你来做我们的小组汇报吧,这样观众还能同时看看美女"。所有类似言论都充满了性别歧视。毫无疑问,许多女孩都有物理天赋,女司机也能熟练地将车停进狭窄的停车位。如果让一位女性做小组报告是为了让观众看看美女(对于异性恋男观众而言),其隐含的意思是:你有没有能力并不重要,重要的是你外表漂亮。

如今,"女性属于厨房"这类性别歧视意味非常明显的标语已经越来越少,但性别歧视不再如此明目张胆地出现,并不代表它已经不存在了。一个**更具现代性的性别歧视**例子是"女人没有事业心",这种话背后隐藏的假设是,女性在职场中已经不再受到歧视,既然如此,仍然由男性占据着管理层岗位就是女性自己的问题了。

事实上,性别歧视还戴着更多样的面具。一方面，性别歧视会被伪装成所谓的"**骑士精神**"，科学上将其称为"**善意性别歧视**"。例如，在女性并未提出要求的情况下，一位男士就在她的电脑上为她安装了某个软件并解释道："作为一位女士，你不必为这种事情费心。"其中便含有性别歧视的意味："哦，技术嘛，女人对这些东西一无所知！"善意性别歧视常常将女性与某些固定特征相关联——强调她们尤其擅长与孩子相处，所以富有同情心，但同时有着需要被保护的柔弱性格。然而，这样的想法也将女性限制在了传统的、毫无权力的弱势角色上。善意性别歧视常常难以辨别，毕竟为女性提供帮助的确是种善意的表现。

另一方面，性别歧视也常常以玩笑的形式出现。比如，要在荒岛上生活，有什么必需品？一个会做饭的女人！这种毫无根据的"玩笑话"会一次次巩固性别的刻板印象，其中包含的性别歧视意味也常在事后被否认。人们会说，这只是一个玩笑呀，不过是嘲弄玩闹而已。关于性别歧视的笑话尤其阴险刁滑，要反击它们并不容易，毕竟大家都不愿意被认为没有幽默感。所以，即使很多人并不觉得这个笑话好笑，也还是会加入取笑的队伍。

女性主义的多样性

女性主义并不是一个有章程、规则和会员卡的协会,而是一场社会运动。因此,女性主义也有多种流派,比如网络女性主义、酷儿女性主义、马克思主义女性主义、性解放女性主义、生态女性主义、流行女性主义、交叉性女性主义……这个列表可以很长很长。

有些女性主义流派的观点非常相似,但更常见的是,不同流派之间的观点差异巨大,有时甚至可以说完全相反。女性主义有许多不同的流派和类型,而且不断有新的方向和分支出现,因此这里只详细介绍女性主义的两大主要流派——平等女性主义和差异论女性主义。即便它们不能包含所有女性主义思想,至少其中大部分都可以归入这两大流派之下。在争取平等的共同抗争中,平等女性主义和差异论女性主义被一个核心问题划分开——两性之间的差异究竟是什么?

西蒙娜·德·波伏瓦

1949年，法国哲学家、作家西蒙娜·德·波伏瓦（Simone de Beauvoir，1908—1986年）出版了作品《第二性》(*Le Deuxième Sexe*)。这部作品后来成为最重要的女性主义著作之一，也是第二波女性主义浪潮的"圣经"。《第二性》中至今仍然广为流传的名言是："女人不是天生的，而是后天形成的。"短短一句话表达了波伏瓦的中心思想：女性这一身份并不是生物性的，而是一种社会性事实。几十年来，波伏瓦与她的人生伴侣、哲学家让-保罗·萨特（Jean-Paul Sartre）一直是世界上最著名的知识分子伴侣。从在大学相遇，直到萨特在1980年去世，两人一直保持着开放式关系。萨特曾向波伏瓦求婚，但遭到拒绝，在波伏瓦看来，婚姻是"令人窒息的资产阶级形式"。

平等女性主义强调男女之间的原则性平等，反对"女性天性"的概念。生物学意义上的两性差异并没有什么影响，或者说只不过扮演着次要角色。平等女性主义认为，男女之间现存的差异源于社会化，也就是说，社会从一开始就根据性别为男性和女性分配了不同的角色，并区别对待男性和女性成员。这种区别对待从婴儿时期就已经开始了——小女孩被分配了粉色婴儿服，小男孩的则是蓝色婴儿服。不久之后，儿童读物中就出现了男人在消防队救火或作为飞行员坐在驾驶舱里的画面，而女人则推着婴儿车或站在灶台前。平等女性主义认为，家庭教育、媒体、学校、来自其他人的期待，这些都是使我们成为典型女性或典型男性的原因。因此，我们也可以消除这些差异。

差异论女性主义则认为两性在本质上便是不同的：男性和女性本就不一样，但二者是平等的。因此，问题不在于两性之间的差异，而在于我们生活在一个由男性主导的社会中，女性的特点和需求总是被忽视，女性气质也被贬低。根据差异论女性主义的观点，在通往平权的道路上，最重要的是向社会秩序及以男性为主导的标准提出疑问，而不是试图让女性适应男性的世界。为什么保姆之类的典型女性职业比典型男性职业报酬更低？难道不应该改变对照护工作的经济价值评判，而不是仅仅鼓励女性从事技术和科研类职业吗？

由此可见，在女性主义中，即使大家因为追求平等这一共同目标团结在一起，也并不是每个人都持有相同的观点。

女性主义运动极简史
A Short History of the Feminist Movement

2

只要还有一个女人不自由,我就不自由,即使她的枷锁与我的枷锁大不相同。

——奥德雷·洛德
(Audre Lorde,1934—1992年,美国作家、社会活动家)

如今，女性能够参与选举、拥有学业和事业似乎是理所应当的事，但这些都是数代勇敢女性坚持抗争的成果。在过去的两个半世纪里，她们赢得了许多进步。有时女性也会获得男性的支持，但更常见的是，男人们对女性主义者的态度充满抗拒和不理解。

本章会聚焦于一些勇敢的女性和她们参加过的抗争。此外，你也将了解到第一个真正的人权宣言、绝食的社会活动家和含有女性主义意味的蔬菜——被扔出的番茄。

第一次女性主义浪潮

1791年：奥兰普·德·古热的第一份普适性人权宣言

人人生而平等——这一启蒙运动思想在18世纪传遍了整个欧洲，也深深影响了法国大革命。1789年，法国国民议会颁布了《人权和公民权宣言》（简称《人权宣言》）。然而，无论是在这份宣言中，还是在当时的普遍情况下，女性权利都没有被列入革命议程。"自由、平等、博爱"——法国大革命的口号已经表明，只有兄弟才应该生而平等，姐妹们仍被排除在这一原则之外[1]。

艺术家、社会活动家玛丽·古兹（Marie Gouze），也就是人们所熟知的奥兰普·德·古热（Olympe de Gouges），随后发表了一份针对国民议会宣言的草案，这是一份将妇女权利包含在内的宣言。因此，这份由奥兰普·德·古热于1791年发表的《女权与女公民权宣言》才是第一份真正意义

---

[1] "博爱"的法语为"Fraternité"，直译为兄弟情谊。

前赴后继的女性主义浪潮

如今，我们常常用"浪潮"来描述欧洲和美国的女性主义历史，以便区分历史上的三个女性主义运动阶段，以及我们正在经历的第四阶段。每一次女性主义浪潮都代表了一个时代，反映了当时的典型争论和思想。当然，在两次女性主义浪潮的间隔时期，女性主义活动也没有停止，而在每一次女性主义浪潮中，也并非每个人都有相同的想法。

第一次女性主义运动浪潮（大约从1789年法国大革命到1918年第一次世界大战结束）的首要目标是争取法律意义上的两性平等，特别是争取女性的选举权和被选举权、有酬就业的权利，以及与此息息相关的平等教育机会。

第二次女性主义浪潮（20世纪60年代至80年代）要求女性的自主决定权：女性有权决定自己的生活、身体、性行为。此阶段的重大议题之一是争取合法堕胎权。

第三次女性主义浪潮（20世纪90年代至21世纪初）的特点首先在于多样性，同时它认识到实现两性完全平等的承诺并没有得到兑现。第三次女性主义浪潮批评电影、电视剧和电脑游戏中不切实际的审美标准和性别刻板印象。它的标志和主要推动力是来自美国的地下朋克女性主义音乐风格"暴女"（Riot Grrrl）。

当下的女性主义或许就是第四次女性主义浪潮的开端，它既出现在网络上，也出现在街头巷尾：网络上正进行着对"#MeToo运动"和社交媒体标签话题"#Aufschrei"[1]的讨论；在线下，荡妇游行和女性大游行如火如荼。当下女性主义关注的两大议题是性别歧视和性暴力。

---

1 意为"强烈抗议"，2013年在德国社交媒体平台上盛行的主题标签，引发了一场关于性别歧视，尤其是日常性别歧视的全国性辩论。

上的普适性人权宣言。德·古热写道："妇女有权登上断头台，也有权登上演讲台。"正如自己所写的那样，她为争取性别平等而登上演讲台，也因此被送上了断头台。在雅各宾派的恐怖统治下，德·古热于1793年被处决。

1849年：路易丝·奥托-彼得斯的《妇女报》和两场各自为政的妇女运动

正如德国妇女运动史展现的那样，女性主义者们的目标并不总是一致的。1865年10月，一批资产阶级女性为争取妇女权利相聚于莱比锡，成立了德国女性公民协会（Allgemeinen Deutschen Frauenverein，简称ADF）。该协会的第一任主席是作家、记者路易丝·奥托-彼得斯（Louise Otto-Peters），她早在1849年就创办了《妇女报》。路易丝·奥托-彼得斯的文章不仅关注女性处境，还谈到了社会问题，揭露了工人阶级家庭不得不忍受的恶劣生活条件。然而，对当时生活境况发表的诸多批评也使她面临重重阻碍。为了让奥托-彼

索杰纳·特鲁斯

非裔美国人索杰纳·特鲁斯（Sojourner Truth，1797—1883年）出生于美国纽约州的一个奴隶家庭，她本名叫伊莎贝拉。在童年时期，她曾数次被卖给新主人。摆脱奴隶身份之后，她先是做家庭女佣，之后成为一名巡回传教士，并给自己起了新名字。获得自由后，索杰纳·特鲁斯为废除奴隶制和争取妇女选举权四处奔走。她曾发表题为"难道我不是一个女人？"的演讲，并因此被载入史册。"难道我不是一个女人？"这一问题正是要求白人女权活动家们同样要为黑人女性争取权利。然而，索杰纳·特鲁斯是否真的曾以这种方式提出这个问题至今存疑。毕竟，一个在说荷兰语的纽约州主人手下长大的女人，为什么要用南方方言说话呢？

得斯保持沉默，萨克森州甚至通过了一项特别法律——这条被称作"奥托条例"的规定禁止女性出版政治类报刊。

关注女工问题使奥托-彼得斯在当时的资产阶级女性中成为一个特例。德国女性公民协会和大部分资产阶级女性争取的首先是教育机会、工作权利和自由选择职业的权利。资产阶级女性越来越希望能够获得有偿工作，但只有极少数职业向她们开放。当时，女性不可能成为医生、律师或教授，因为高等学校都不允许女性就读。对于资产阶级女性而言，在工厂做女工自然不是一个令人尊敬的职业。然而在某种程度上，资产阶级女性与女工面临着相似的问题。随着工业化进程的发展，越来越多女性进入工厂工作，这惹恼了她们的男性同事。男性工人和他们的工会将女工蔑称为"卑鄙的竞争者"，并要求禁止或至少限制女性在工厂工作，因为廉价的女性劳动力能够取代薪水更高的男性工人。事实上，无产阶级女性和资产阶级女性有着共同的利益，那便是在男性的阻碍下争取就业权和同工同酬，但是她们并没有为了促成这一进步而携手斗争。这两大女性群体未能形成同盟的原因在于她们的观念差异巨大：无产阶级女性有着革命思想，她们不仅反对压迫女性，也反对资本主义；资产阶级女性则致力于推动资本主义系统内部的改革，她们对阶级斗争毫无兴趣。

1913年：行动胜于言语——妇女参政论者的斗争

英国的女性主义者为争取选举权而斗争了几十年，这些社会活动家被称作"妇女参政论者"（Suffragette），她们因激进的斗争方式而闻名。妇女参政论者一词来自英文单词"suffrage"，意为"选举权"。最初，妇女参政论者采取了和平的抗议方式，她们在19世纪40年代便制作了第一批传单。除了派发传单，她们还上街游行示威，发表文章，给国会议员写信。

但是这些活动都没有达成目标，于是部分激进的活动家转向了武力抗议示威。这些妇女参政论者砸碎商店窗户，切断电话线，将自己绑在铁轨上，

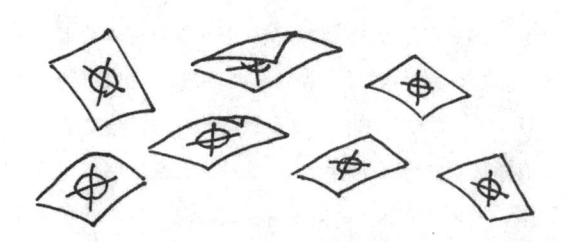

发起炸弹袭击，攻击政客。一位妇女参政论者甚至用打狗鞭袭击了未来的首相温斯顿·丘吉尔。在剑桥，一只死猫被扔到了一位政客脸上。许多活动家被关进了监狱，在狱中为了继续抗议，她们拒绝进水进食。

妇女参政论者艾米莉·戴维森（Emily Davison）也因纵火罪入狱，并在狱中绝食抗议。最终，她为这场争取选举权的斗争献出了生命，在1913年死于伦敦南部的埃普瑟姆德比赛马会——戴维森闯入赛马场的跑道，被国王的奔马踏伤，几天后因伤重不治而亡。至今，我们仍不清楚这场事故究竟是意外还是戴维森计划的自杀。她的墓志铭中刻着"行动胜于言语"。

第一次世界大战爆发后,妇女参政论者的组织"妇女社会政治联盟"(Women's Social and Political Union,简称WSPU)转而支持政府,并结束了所有争取妇女选举权的活动。并非所有活动家都支持这一爱国主义转变,但支持英国战时政策有助于改变人们的观点。1918年2月,在战争结束后,英国议会通过了女性选举权,尽管最初这一权利只被赋予30岁以上的富有女性。

第二次女性主义浪潮

1968 年：扔番茄事件

"个人的即政治的"——20 世纪 60 年代末，德意志联邦共和国兴起了新一波妇女运动，这句话正是这次女性主义浪潮的中心思想。在书面条文中，看似已经很大程度上实现了性别平等。可是直到 1949 年，"男女平等"这一准则才克服了重重阻力终于被写入德国宪法，在随后几年里，各党派的男性政治家也丝毫没有兴趣根据宪法重新修订保障妇女权益的法律条文。当时，女性在日常生活中并未真正得到平等对待。那些加入了左翼学生团体"社会主义德国学生联合会"（Sozialistischen Deutschen Studentenbund，简称 SDS）的女性也有着相同的体验。当联合会中的男性成员讨论着即将到来的世界革命时，女性成员却往往无法到场——她们不得不照顾孩子、承担家务。她们承担的政治工作同样不平等：女性只被允许煮咖啡和打印传单，而男人们则发表着重要演讲。

烧掉胸罩

为了表达对父权观念的愤怒,女性主义者们烧掉了胸罩——1968年,这个针对美国小姐选美的抗议行为引起了轰动,时至今日仍然值得关注。其实,当时并没有人真的把胸罩扔进火堆。在美国大西洋城,400名女性主义者举行示威来反对选美活动,她们认为选美将女性矮化为性对象。示威者将胸罩、化妆品、卷发筒、高跟鞋、《花花公子》杂志等物品统统扔进一个铁皮垃圾桶,这些物品都被看作压迫女性的工具。然而,这个"自由垃圾桶"和任何一个胸罩都不曾被点燃。不过,抗议者们却将一只羊命名为"美国小姐"。

1968年9月，当电影制片人赫尔克·桑德（Helke Sander）在社会主义德国学生联合会的代表大会上发表女性主义演讲时，男性成员们明确表示他们对妇女问题不感兴趣，他们没有展开任何讨论就转向了下一项议程。随后，西格丽德·吕格尔（Sigrid Rüger）从观众席向站在讲台上的联合会主席扔了一只番茄。同一天，联合会的其他女性成员成立了"妇女委员会"。妇女委员会拒绝男性成员参与，并专注于讨论女性问题。一个仅属于女性的空间——从这时起，这一原则在女性主义运动中流行开来。女性咖啡馆、女性书店和各种女性团体纷纷出现，在这些地方，参与其中的女性得以谈论个人经历，并从政治角度进行反思。

第三次女性主义浪潮

1985年：反对白人男性霸权的大猩猩

"女人必须赤身裸体才能进入大都会艺术博物馆吗？"这个问题出自一张至今仍然著名的海报，提问者是一群年轻的女性艺术家和艺术行业人士。这个自称"游击队女孩"（Guerrilla Girls）的女性团体在纽约大都会艺术博物馆清点了馆内陈列的艺术品，结果如下：几乎所有现代艺术收藏品的创作者都是男性，只有不到5%的作品由女性艺术家创作；与此同时，在博物馆展出的作品中，85%都呈现了裸体女性的形象。

通过行为艺术、海报、贴纸、传单等形式，"游击队女孩"的活动家们30多年来持续抗议着富有的白人男性在艺术界的绝对主导地位。这个团体成立于1985年，当时纽约现代艺术博物馆的一个展览声称要展出世界上最重要的当代艺术作品，但是在参展的169位艺术家中，只有13位是女性，而且所有参展艺术家都是来自美国或欧洲的白人。这一展览便成了"游击队女孩"创立的契机。

"游击队女孩"从创立之初就以匿名方式活动。她们的面孔总是隐藏在标志性的大猩猩面具之下。此外,她们还用已故女艺术家的名字自称,两位创始人就分别自称"弗里达·卡罗"(Frida Kahlo)和"凯绥·珂勒惠支"(Kathe Kollwitz)。

"游击队女孩"的抗议活动让人们清晰地认识到了艺术界的权力结构。然而时至今日,女性和有色族裔艺术家的作品仍然不如白人男性的作品受重视。2016年,位于德国科隆的路德维希博物馆成了"游击队女孩"的目标,她们的发现再次令人警醒:"在德国最多样化的一座城市中,哪里的男性比例占到89%?哪里的白人比例高达97%?正是路德维希博物馆!"

第四次女性主义浪潮

2011年：荡妇游行

如何防止强奸和性骚扰？2011年1月，在一场大学活动中，一名加拿大警察提醒道："女性应该避免穿得像荡妇，这样她们就不会成为受害者了。"这句话引发了众怒，因为它暗示女人穿短裙就是引诱男人来骚扰她。作为抗议，第一次"荡妇游行"（Slut Walk）出现了。这一活动表达的观点是：该为侵犯行为承担责任的是加害者，而非受害人——而且，侵害的发生与着装风格完全无关。

在多伦多举行的第一次荡妇游行中，参与者多达3000人——远远超过了预期的100人，其中许多人都身着"暴露"的衣服。一些游行者在裸露的腹部写上了"荡妇"一词，标语则写着："我的短裙与你无关。"

荡妇游行在几周内发展成了一场国际运动。很快，美国、澳大利亚、墨西哥、英国、巴西、瑞典以及德国都出现了第一波示威游行。2011年7月23

日，自称"荡妇"的人们首次在德国示威，反对所谓的**受害者有罪论**。不过，这次示威并非发生在柏林、汉堡或慕尼黑，而是在巴伐利亚州的帕绍。

除了荡妇游行，关于"#MeToo 运动"和社交媒体话题"#Aufschrei"的讨论也聚焦于性骚扰和性暴力这两大主题，这两大议题对当下的女性主义都有重要的影响（第 8 章会对此展开更多讨论）。

性别："男性"与"女性"的分类

Gender: Classification of "Male" and "Female"

3

女人不是天生的,而是后天形成的。

———西蒙娜·德·波伏瓦

男性还是女性？我们的社会有时似乎沉迷于用性别来区分人们，这一分类甚至在出生前就开始了。因此，对准父母来说，第一个尤为重要的问题显然就是：男孩还是女孩？

在美国，人们甚至会为此举办派对，这一流行做法现在也正影响着德国。在"性别揭秘派对"（gender reveal party）上将会公布婴儿的性别，准父母也享受这一惊喜降临的时刻。在这种情况下，妇产科医生只会提前将婴儿的性别悄悄告诉某个值得信赖的人。

每个性别揭秘派对的亮点都是彩纸炮、烟幕弹和蛋糕——它们究竟是粉红色还是浅蓝色？这个颜色便揭示了孩子的性别。

作为社会事实的性别

一个人在世界上的位置在出生之前就已经被分配好了。这表明性别是一种用来构建社会秩序的分类方式。一旦开始注意到这点,你就会意识到,男女之间的区别在生活中无所不在。

人们总会在第一时间注意到周围人的性别。男性和女性使用不同的洗手间。各种表格和调查都会询问参与者的性别,当然,人们的性别常常也可以通过名字判断出来。不同性别的人也遵循着不同的着装规范和发型要求——裙子、高跟鞋、口红是谁的正常装扮?谁把头发剃成光头却不显得奇怪?又是谁会主动帮谁把沉重的行李箱抬到行李架上?

这些事实表明了两件事。第一,社会的主流观点认为人被划分为两种性别——男人和女人。第二,性别是一种社会现象,与此相比,出生时携带什么样的染色体,哪两个人才能共同繁衍后代之类的生物性事实反而没有那么重要。

与德语不同,英语中有两个关于性别的词汇。

"Gender"一词指社会和文化意义上的性别，代表**性别角色**。在我们的社会中，一个男人或一个女人应该是什么样的？根据自己的性别，人们应该在社会中扮演什么样的角色？社会对他／她们提出了什么样的期待？与此相对的概念是"Sex"，它在英文中指生物学意义上的性别。

20世纪60年代，女性主义者提出应当区分生理性别（Sex）和社会性别（Gender），并以此为根据反击了"两性之间的差异基于生理差异"这一观点。他／她们希望借此证明性别角色的不稳定和可变性。

如今，许多女性主义者都认为将**生理性别**和**社会性别**对立起来已经不再是明智之举。他／她们提出，我们的性别角色不仅由社会定义，也受到我们对身体差异的认知和分类方式的影响。我们预先假设了有且只有两种性别存在，因此在理解身体时，也只能看到两种性别。

作为社会规范的性别二元论

西方社会将性别分为两种的做法也被称作性别二元论——二元系统中只包含两种可能性,比如性别只被分为"男人"和"女人"。如今,为了支持性别多样性,这种二元论正在被打破。约会软件Tinder可供用户选择的性别身份有37种;而在脸谱(Facebook)上,这一类别的选项甚至多达60种。不过,对于社会中的大多数人而言,仍然只存在两种性别:男人和女人。

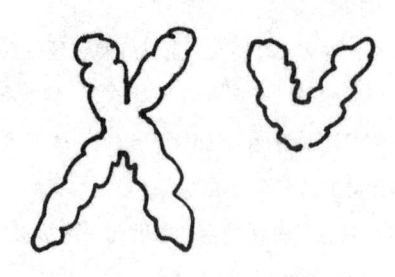

对于跨性别人群等不符合性别二元论或者对自身性别身份存疑的人而言,性别二元论这一社会规

范带来了诸多问题。德语和英语中表示跨性别的词语前缀是"trans",其含义是这些人并不认同自己出生时的生理性别。与"跨性别"相对应的概念是"顺性别"(cis),顺性别人群认同自己出生时的生理性别。跨性别女性和顺性别女性同为女性。不过,顺性别女性的性别身份并不会受到其他人的质疑,而这些质疑却会针对一个被当作男孩养大的跨性别女性,例如在她想使用女性卫生间时,或是当她低沉的声线引起人们的注意时。这是因为并非所有跨性别人群都能够通过激素治疗或手术使他/她们的身体特征符合自己的性别身份认同。

然而,也有些人觉得非此即彼的性别二元论不适合自己。他/她们可能认为**性别具有流动性**,即他/她们拥有不断变化的性别身份认同。也有些人觉得自己根本不属于任何一种性别,并将自己称为**非二元性别**或**性别酷儿**(Genderqueer)。

性别角色的力量

这边是充满仙女和小马的粉色闪光之地,那边是拥有野生动物、宇宙飞船和挖掘机的蓝绿色世界;这边的一切都为小公主而存在,那边则全部属于小骑士——可能没有比玩具店更能体现性别角色影响的地方了。如今的儿童产品被深深打上了**性别营销**的烙印,性别中立的玩具几乎不存在了。

一旦明确划分女孩世界和男孩世界的界线,对孩子和父母的要求就随之产生:女孩请玩娃娃厨房,男孩则应当伸手去拿化学套装。这样做的问题非常明显:如果一个小男孩也想玩娃娃厨房,即使没有人因此责骂或议论他,他大概也不会付诸行动,而这仅仅是因为"女孩的东西"会有损"男子气概"。

性别角色之所以会带来问题,正是因为它们限制了人们的生活方式。任何不遵从性别角色预设要求的人都会引起不满。面临这种情况的不只是孩子,成年人也是如此。例如,如果一个男人辞掉工作去照顾孩子和家庭,他引起的关注和风波将远超一位家庭主妇。在一些人眼里,他甚至已经"不是一个真正的男人"了。

但是,人们也并不完全是环境的受害者,他/她们同时在积极参与其中,满足外界对他/她们的期待。当一对异性恋夫妇一同开车时,通常是男人坐在驾驶座,女人坐在副驾驶座。当一对异性恋情侣首次约会时,通常是男人请客,而女人被邀请。他/她们本不必参与这些性别角色扮演游戏,但还是这样做了。专业术语将这一现象称为"**做性别**"(Doing Gender)。

成为反平等依据的生物学

一些人有阴茎，另一些人有阴道，这是事实。但是，我们真的能从这些身体差异中得出什么结论吗？许多人坚信男人和女人本质不同，他们拥有相反的特质：就像阴和阳，月亮和太阳，或者分别来自金星和火星。在这些论调下，许多着眼于生理差异的图书已然成为畅销书：由于基因、荷尔蒙或者不同构造的大脑，男人天生不善于倾听，而女人则不擅长停车。

然而这些断言并没有科学依据，甚至它们本身就是腐朽传统的一部分。所谓"自然的"性别差异永远在支持和保护男性特权。早在19世纪，男性就被断言具有分析能力强、判断能力强的特质，而女性则被认为依靠直觉行事，这种相互对立的划分方式成了大学和选举将女性拒之门外的依据。

两百年前，英国教士托马斯·吉斯伯恩（Thomas Gisborne）阐述了男人和女人的所谓"自然能力"与他/她们各自的社会职责之间有多少联系。人们开展政治、法学、科学和商业等活动的前提是具有"努力上进的灵魂",即"天生具有准确、全面思考的能力并愿意积极不懈地使用它"。然而吉斯伯恩认为,"这些能力很少被赋予女性",在他看来,女性具有一些其他的天赋,比如"让整个家庭绽放出灿烂迷人的闪耀笑容"。因此,由女性照顾家庭,而让男性担任政治和科学领域的要职才是合理的。

以今天的视角来看,声称男女差异源于既定的自然天赋听起来实在荒谬可笑。然而早在17世纪,哲学家尼古拉·马勒伯朗士(Nicolas Malebranche)就对女性的智力做出了如下判断:

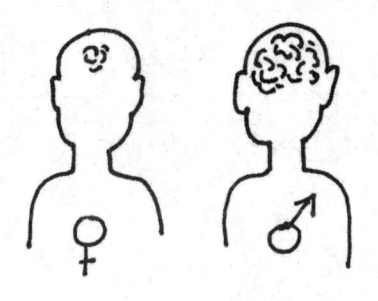

海德维希·多姆

男女之间的差异不是天生的,而是由社会决定的——秉持这一观点的 19 世纪女性主义者海德维希·多姆(Hedwig Dohm,1831—1919 年)远远领先于她所处的时代。多姆要求妇女享有选举权,且能够不受限制地进入大学,这使她成为德国妇女运动中最激进的声音之一。作为一名作家和女性主义理论家,多姆呼吁权利的原则性平等——"人权不分性别"。她的写作持续到晚年,一直号召人们关注社会弊端。在第一次世界大战期间,她也是德国为数不多的公开反对战争的声音之一——多姆不仅是一位女性主义者,也是一位和平主义者。在她离开人世前不久,这个时机终于到来:德国妇女终于获得了选举权。

"一切抽象之物对她们而言都难以理解。"在他看来,"女性拥有脆弱的脑纤维"是这一现象的根本原因。另一方面,首批大脑研究人员测量了人类大脑的体积和重量,声称女性智力更低是因为她们的大脑更小、更轻。

是性别差异，还是性别相似性？

无论是从生理学角度还是从心理学角度，研究性别和性别差异的当代科学家都向我们呈现了一幅与以往完全不同的、更加多样化的画卷。这些研究同样表明，要区分生理影响和社会影响并非易事。

在生物学领域，"只存在两种性别"这一观点被认为过于简化，已经不受认可。同时拥有部分男性和女性特征的间性人（双性人）比我们普遍认为的更加常见。例如，一个人可能在拥有阴道的同时还拥有男性性染色体。目前，人们共发现了约 60 种不同的间性形式。据估计，每 2000 至 5000 名新生儿中就有一名在出生时性别模糊。科学界已经获得了充足的论据来扩大对"性别"的定义，并考虑到其中的细微差别。根据新的性别定义方式，大概每 100 人中就会有一人成为某种形式的间性人，而在慕尼黑这样的大城市中则会有超过 14000 名间性人。值得注意的是，虽然人们总是在谈论性别差异，但科学研究主要致力于发现**性别相似性**，大多数关于性别差异的研究最终都毫无结果。例如，与人们普遍的认知偏见相反，女孩并非生来就比男孩具有更好的社会适应性，男孩也并不比女孩更自信。

事实上，男女之间表现出的差异往往并不明显。性别群体内部的差异远远大于两性之间的差异。身高便是一个简明易懂的例子，尽管男性的平均身高略高于女性，但相较于男性群体或女性群体中个体身高的差距，男女的平均身高差距极小。这也是许多女性比一些男性更高的原因。如果一位来自荷兰的女性前往东南亚旅行，那她遇见的大多数男性可能都比她矮。然而，作为社会成员，我们倾向于寻

找并确认性别差异：在异性恋伴侣中，通常男方都比女方高。

此外，心理学研究也证明了性别角色的力量。偏见和刻板印象强烈影响着男性和女性在某些事情上的表现。

例如，男性在心理旋转能力测试中的平均表现比女性好，这是为数不多被定期证实的两性差异之一。这种心理旋转测试要求受测者在脑中旋转三维图形，这需要非常好的空间意识。但是，如果男性在参加测试之前被告知，该项测试预测的能力是针对服装设计、室内装饰、缝纫和编织之类"毫无男子气概"的活动，他们的测试结果就会受到破坏性的影响。

在另一项研究中，学生们被要求参加高难度的数学考试，其目的是证明"数学领域属于男性"这一刻板印象会在多大程度上影响女性在数学上的表现。考试前，学生们被分为两组。第一组学生被告知，考试是为了研究部分学生数学更好的原因；第二组学生也获得了相同的信息，但他/她们还被告知，在数以千计参加过这项测试的学生中，从未发现过男女生的表现存在差异。

这些参加测试的学生在此之前的数学成绩相当，因此完全可以预见他/她们在这次考试中的成绩也应当大致相同。然而，第二组的女性参与者的表现却优于其他所有参与者。只要向她们简单暗示，经验已经表明男性和女性都能同样出色地进行数学运算，她们便能够调动自己真实的数学能力。

女性形象：客体取代主体
Female Image: Object Replaces Subject

4

通常，女性超级英雄都以裸体或身着比基尼的形象出现，没有人能够这样战斗。神奇女侠该如何捍卫自己的地位？不到一分钟，她就会被杀死。

——卡拉·迪瓦伊
（Cara Delevingne，生于1992年，模特、演员。引文摘自她关于女性超级英雄电影的讨论）

微笑、挥手、保持美丽,这是纳塔利娅·沃佳诺娃(Natalia Vodianova)在 2018 年夏天的俄罗斯世界杯决赛中的工作。

这位俄罗斯模特与德国国家足球队前任队长菲利普·拉姆(Philipp Lahm)一起展示了世界杯的奖杯。菲利普·拉姆将奖杯带入体育场,从盒子中取出奖杯,而纳塔利娅·沃佳诺娃则钦佩地站在奖杯旁边鼓掌。纳塔利娅·沃佳诺娃身穿闪闪发亮的金色迷你裙,与身旁的奖杯有种奇怪的相似感——仿佛她是另一座即将被人赢得的奖杯。顺便一提,拉姆没有穿戴任何金色的东西,他只不过穿了套深蓝色西装而已。

一位作为附属装饰品的女人——这与刻板印象中美丽而被动的女性形象完全吻合。这种陈词滥调在体育比赛中屡见不鲜。男人们踢足球,而女拉拉队员们穿着超短裙上场跳舞。在环法自行车赛中,每个赛段的获胜选手都被与他合照的年轻女性簇拥着。即使如今的一些运动和比赛已经摒弃了这种将女性矮化为装饰品的仪式行为,**被物化的女性形象**

仍然一次又一次出现。"物化"一词的含义是将女性作为被动的性对象,并将其置于(异性恋)**男性凝视**之中。

男性凝视

男性凝视（Male Gaze）这一概念最初来自女性主义电影理论。它的含义是：无论观众是什么性别，在观看电影时都和镜头一样采用异性恋男性的视角，即渴望女性并以带有性意味的兴趣审视她们的身体。常见的例子是，镜头常常从女性的低胸领口向内拍，或在女性的臀部停留。因此，男性凝视意味着男性观看，而女性被观看。这一概念也经常被应用于对其他媒介——如广告、电视或视觉艺术——的分析中。

这种对女性的刻板印象通过媒体传递给大众。仅在德国就有超过 2100 万观众（这一数字还不包括在公共场所观看公共电视的观众）收看了世界杯决赛，观赏了金光闪闪的纳塔利娅·沃佳诺娃。

然而长久以来，女性不仅仅只在运动场合中被矮化为花瓶。纵观大众媒体，许多场景中呈现的女性形象都有问题：广告、音乐视频、电影、电视，无一幸免。多年来，有一个电视节目一直因此受到尖锐批评——《德国超模大赛》(Germany's Next Topmodel)。

谁是全国最美的女人？
《德国超模大赛》

从2006年开始，德裔超模海蒂·克鲁姆（Heidi Klum）每年都会通过真人秀寻找德国的"下一任顶级模特"。这档名为《德国超模大赛》的节目吸引了数百万观众，年轻女孩们激烈角逐着"下一任德国超模"的称号。参赛者必须拍摄各种造型的平面照片，在T台上努力表现，在选拔赛中脱颖而出，才能获得拍摄剃须刀广告或汽车广告的机会。

这个节目的观众大多是与参赛者同龄的年轻女孩，节目很受她们的欢迎。根据2017年的一项调查，在13至19岁的女孩中有超过25%认为《德国超模大赛》是她们最喜爱的电视节目。

《德国超模大赛》的关注重点是参赛者的外貌。选手们身着比基尼在评审团面前展示自己，她们可能会被称赞"好看"或"非常漂亮"。但是，那些不被评委喜爱的选手也会受到毫不留情的批评。前评审团成员、时装设计师沃尔夫冈·约普（Wolfgang Joop）曾评价一位参赛者："我看到了一张漂亮的脸蛋，但下面却是一双粗壮的小腿。"

参赛女孩们不仅要身材高挑、身段苗条，还必须训练有素。"你必须努力。我不想看到任何一点颤动和摇摆。"评审团主席海蒂·克鲁姆在节目第三季中提出了这样的要求。

《德国超模大赛》向观众展示了年轻、苗条的女性，她们符合流行审美的标准，其外表也持续受到评判。节目由此向大众传递了以下信息：首先，美丽意味着符合模特身材标准；其次，美丽永无止境；最后，你可以随意甚至苛刻地评判年轻女性的外表。于是，该节目的女性观众也开始以严苛的标准评判自己，并在插播广告中得知哪些产品可以让自己变得更美。

对于许多人而言，这档节目宣传的审美标准并不现实，但这并非《德国超模大赛》唯一的问题。它还规训着年轻女性：如果她们想取得成功，就要做好允许他人对自己做任何事的准备。参赛女孩必须服从评审团或者"客户"的意愿。不愿意在"形象改造"阶段剪掉长发的女孩、拒绝拍摄裸体照片的女孩、拒绝和蟑螂一同拍照的女孩都迟早会被赶出比赛。在《德国超模大赛》中,说"不"和掌控自己的身体都是不受欢迎的。

甚至还有人在节目期间开展了相关的科学研究。研究结果显示,相比于不看《德国超模大赛》的女孩,观看这档节目的女孩更容易认为自己太胖了。

另一项与此相关的研究表明,《德国超模大赛》很可能会加剧饮食失调。在这项研究中,正在接受饮食失调治疗的人被问及他/她们的病情是否受到电视节目影响,哪些节目对此有影响。答案是,再没有第二档节目像《德国超模大赛》这样被频繁提及了。几乎有三分之一的回答者(其中大多数是年轻女性)称这档节目对自己的饮食平衡产生了巨大影响,还有三分之一的回答者认为这档节目给自己带来了轻微影响。

年轻的女人，杰出的男人：
影视中的性别形象

无论是故事片、动画片还是新闻栏目，影视节目总是在向大众传播经典角色形象。当下的德国电影和电视如何呈现女性和男性形象？针对这个问题，罗斯托克大学的多位女性研究人员分析了超过3500小时的电视节目和800余部德语电影。

一方面，研究人员发现这些影视节目中的女性代表明显不足，屏幕上的男性角色数量是女性角色数量的整整两倍。在儿童节目中，这一差距尤为明显，几乎仅有25%的角色是女性。在儿童节目呈现的幻

想世界中，男女角色的数量差距甚至更加惊人——在动物角色和魔法生物中，女性角色仅占 10%。

另一方面，研究发现影视节目对两性角色的呈现方式迥异：节目中出现的大多是 30 岁以下的年轻女性，女性年龄越大就越稀少；与之相反，白发苍苍的男性角色却能够出现在荧幕中。

此外，出现在亲密关系、人际合作等场景中的女性角色是男性角色的两倍以上，而男性则掌握了对这个世界的阐释权：电视中有 64% 的记者是男性，男性发言人的比例为 72%，而男性专家则多达专家总人数的 79%。

好莱坞电影对性别的呈现与德国影视节目如出一辙。2016 年在美国上映的 900 部热门电影中，负责主要台词的角色都是男性，在所有有台词的角色中仅有 31% 是女性。和德国电影一样，美国电影中的女性角色也大多是年轻女性。女性角色的衣着常常比男性角色更为暴露——甚至全裸出镜。

一项针对美国电视节目和电影的分析也表明，女性角色很少以职业化形象出现。

奇玛曼达·恩戈兹·阿迪契

"我们都应该是女性主义者（We should all be feminists）。"尼日利亚女作家奇玛曼达·恩戈兹·阿迪契（Chimamanda Ngozi Adichie，生于1977年）在2013年的一次演讲中提出了这个主张。这句话随即流行起来，并被印在了各种设计师品牌T恤上，歌手碧昂丝也在自己的歌曲《完美无瑕》（"Flawless"）中引用了这篇演讲的内容。2017年，阿迪契发表了另一份女性主义宣言《亲爱的安吉维拉》（*Dear Ijeawele*），回答父母应当如何将女儿培养成独立自主的女性。阿迪契不仅倡导性别平等，反对种族歧视，同时她也是当代最重要的作家之一，她的小说曾获得多个文学奖。目前，阿迪契长居尼日利亚前首都拉各斯和美国。

这些影视刻板形象暗藏着怎样的力量？《X档案》(*The X-Files*)中达娜·斯库利（Dana Scully）这个富有影响力的强大女性角色成了正面例子，但影视形象可能带来的负面影响也不应被低估。所谓的"斯库利效应"已经证明，虚构人物足以产生榜样效应。这个名字来自1993年开播的悬疑剧《X档案》中的一位女性科学家、FBI探员达娜·斯库利。斯库利聪慧、理性、独立且自信——她是个"书呆子"，但非常酷。一项研究发现，斯库利这个角色能够鼓励女性成为科学家。许多从事科学和技术工作的女性都将斯库利视为她们的榜样。许多女性还表示，斯库利也鼓励着她们在男性主导的工作领域立足。

女性有话要说：贝克德尔测验

早在达娜·斯库利出现之前，女性漫画家艾莉森·贝克德尔（Alison Bechdel）已经发现，许多电影中的女性都只不过是一种装饰性的存在，而且她们的台词出人意料地少。1985 年，贝克德尔发表了一篇名为《规则》(*The Rule*) 的漫画，其中一个女性角色提出了解决方案：她向自己的朋友说明了一部电影值得观看的条件——以下三个问题必须都获得肯定回答：

1. 电影中是否至少出现了两位拥有姓名的女性角色？
2. 这两位女性是否交谈？
3. 她们是否谈论了无关男性的内容？

两位拥有姓名的女性，谈论一些与男人无关的内容——在艾莉森·贝克德尔的漫画中，一部电影被评为"值得一看"的门槛并不算高，这个简单的评判标准随后被称为"贝克德尔测验"(Bechdel test)。然而时至今日,许多院线电影仍然无法达到这一最低标准。例如,在近十个小时的《指环王》(*The Lord of the Rings*)三部曲中,没有一段女性间的对话符合贝克德尔测验标准,在《游侠索罗:星球大战外传》(*Solo: A Star Wars Story*)中也是如此。

贝克德尔测验揭穿了许多电影完全以男性为中心的事实。它不是一个科学分析电影的工具,而是一个简便的女性主义经验法则。它并不对电影质量或电影中的女性主义色彩做出评价。毕竟,即使一部电影中的女性只谈论饮食和鞋子,这部电影也可以通过测试。出乎意料的是,以塑造了坚强的女性主角著称的惊悚片《罗拉快跑》(*Run, Lola Run*)并没有通过贝克德尔测验。

来自贝克德尔测验的灵感

典型的好莱坞英雄形象总是异性恋白人男性，因此除了女性，还有其他群体同样没有得到足够呈现。贝克德尔测验流行后，人们受此启发，纷纷提出其他用来评估电影多样性的简易测试。例如，维托·罗素测验（Vito Russo test）检验了同性恋、双性恋、跨性别人群在影视作品中的呈现情况，迪韦奈测验（DuVernay test）检验了关于有色人种形象的呈现情况，提利昂测验（Tyrion test）则提供了关于残障角色形象的信息。

贩卖性别歧视：广告中的性别形象

没有人必须收看《德国超模大赛》或一部没有女性说话的电影，但一个人即使只是偶尔出门，也不可避免会接触到广告中的女性形象。无论是海报、宣传单还是互联网，只要出现广告，物化女性、性别歧视和性别刻板印象就如影随形。

不仅内衣广告和比基尼广告中会出现衣着暴露甚至裸体的女性，宣传比萨、地板和酒店的广告中也充斥着这样的女性形象——裸露的皮肤与广告产品完全无关，只不过是一种吸引眼球的手段，被展示的女性身体纯粹是装饰性的。相比之下，广告中出现半裸男人的频率则低得多。

这些广告甚至经常暗示其中呈现的女性可以被当作性对象来"使用"。例如，某个酒店广告中的女模特只穿了一条丁字裤，上面写着"24小时营业"。

此外，广告语也常常深陷于陈词滥调中。例如，一家柠檬水制造商的广告语是："男人也有感情：口渴。"一家食品公司建议"让你的丈夫开心——

性卖点

许多广告都将女性描绘为性对象,为了证明这些广告的合理性,逐渐出现了"性卖点"(sex sells)这种说法——据说,用与性有关的内容来做广告的商品卖得更好。心理学家对此持怀疑态度,因为这种做法更有可能对品牌造成损害。当提到"性卖点"时,通常并非描述性行为,而是用半裸或全裸的女人暗示性行为。她们只不过是赤身裸体的人而已,看到她们的身体却被人们等同于"性"。

即使他有了第二份爱情",并展示了一位穿着围裙、手捧足球型蛋糕的女士。总之,在广告界,谁来做家务一目了然:在清洁用品和家用电器的广告中,女性通常挥舞着抹布或者在操作洗衣机。"打扫卫生就是女人的工作",既然我们正在努力消除这个根植于男人脑海中的想法,这样的广告形象显然有害无益。

广告也常常强调完美,我们总是在广告中看到拥有无瑕肌肤、绸缎般秀发和苗条身材的年轻模特。借助化妆、灯光和长达数小时的后期图像处理,广告创造出了超凡脱俗的美丽模特形象,它所呈现的是无人可比的人造形象。

人们看起来应当是什么样子?这些广告塑造着我们对这个问题的想法。为了推销产品,我们看到的都是半裸女性的完美身体,却看不到有皱纹、疤痕、痘痘和妊娠纹的真实身体。

女性身体即战场
The Female Body as a Battlefield

5

对别人的身体指指点点实在不够女性主义——除非对方坐在你身上而且很沉。
——玛格丽特·斯托科夫斯基（Margarete Stokowski，生于1986年，德国波兰裔女性主义者、作家）

人只有唇部、手掌和脚底的皮肤天生无毛发，除此之外，其他身体部分都会长出毛发：腿部、腋下、脸部和生殖器四周，有些是细软绒毛，有些是卷曲毛发。有些人的毛发是金色，有些人的是黑色。不过，许多女性已经向体毛宣战了——她们剃毛、脱毛、用蜡除毛、漂白不想要的毛发。

人们关于体毛的普遍想法是：除了头部，身体其他部位的皮肤都应该保持光滑，尤其是在体毛更容易被他人看见的夏天。去露天泳池之前应该先把腿上的汗毛除掉，你当然也不希望阴毛从比基尼泳裤边缘探出头来。根据莱比锡大学的一项研究，在14至17岁的女孩群体中，有三分之二的女孩偶尔或定期对身体的某些部位脱毛，在18至30岁的女性中则有超过80%的人这样做。年轻女性脱毛的部位主要是腋下、腿

部和生殖器周围。脱毛是一项烦琐恼人的工作,它费时费钱,还带来副作用:总是反复导致割伤、丘疹和毛发倒生。那么,为什么这么多女性仍然坚持脱毛?

审美标准和身材羞辱

女性坚持脱毛的原因很简单：经过脱毛的身体是这个社会对女性的**审美要求**之一——就像苗条健美的身材和自然白皙、没有斑点与皱纹的皮肤一样。这种狭隘的**理想审美模板**让许多人产生了已被内化的压力。在关于身体脱毛的研究中，许多参与者声称自己脱毛是出于个人喜好，脱毛也符合自己的审美标准，但事实果真如此吗？当媒体和广告中出现的皮肤都没有一丝毛发，这样的审美标准仍然真的只是自发形成的吗？一些女性的腿部会长出浓密汗毛，但只要用长裤遮盖、无人看见，她们并不会为之困扰。

另一方面，有许多人将"保持卫生"作为脱毛的理由，但事实恰恰相反：阴毛形成了一道阻挡细菌的保护屏障，使细菌无法进入阴道。此外，剃毛造成的细微皮肤损伤也可能会引起感染，这正是妇科医生批评阴部脱毛这一流行趋势的原因。

当有人不符合审美标准的要求时，这一标准的力量就格外明显。长有深色毛发或毛发浓密的女孩经常会遭遇别人对其体毛的贬低和攻击。她们多毛的小臂"没有女人味",她们的唇部汗毛"令人恶心",她们脚趾上的毛发"丑陋不堪"。对体毛的要求只是众多审美标准的例子之一,当女性的身体不服从于普遍的审美标准,她们就会遭到排斥,这一现象也被称为"**身材羞辱**"(Body Shaming)。女性常常因为自己的身体而受到他人的羞辱和攻击,并因此产生内疚之情。

当女性将不符合审美标准的身体展示在大众面前时,会遭受更严重的排斥。瑞典模特阿维达·比斯特伦(Arvida Byström)拍摄了某个运动鞋广告,在广告中运动鞋自然被放在了显眼的位置,然而阿维达·比斯特伦长着汗毛的腿却吸引了更多注意——在粉色袜子和乳白色蕾丝裙之间,它们格外引人注目。这家体育用品制造商显然想通过这样的照片给自己披上女性主义外衣。在公共场合中,女性身体很少不被指指点点。阿维达·比斯特伦在社交平台上透露,这张照片发布后她收到了无数恶毒信息,甚至包括强奸威胁。

占据公共空间的女性

相对肥胖的女性格外容易受到身材羞辱的影响,因此它也被称为"**肥胖羞辱**"(Fat Shaming)。在社会对女性身体的评价体系中,体重扮演着核心角色。任何不符合苗条标准的人都不得不日复一日地应对来自他人的轻视目光和无礼言论。如果胖女孩们没有遮掩自己的身体,反而穿着短裤或露脐上衣,她们就会受到指责。不请自来的建议纷纷出现,让她们注重健康、多做运动。甚至胖乎乎的孩子也会受到有关身材的斥责:"不要再把手伸进那包饼干里了!"不仅如此,体重较重的人群还会遭受许多歧视。在专业领域中,胖女人被认为能力较差、受教育程度较低。许多人都认为超重者懒惰散漫、意志薄弱、不讲卫生、不负责任而且愚蠢。

源于美国的"接受脂肪运动"(Fat Acceptance Movement)发起了反对肥胖人群污名化的抗争。这同样是一场女性主义的抗争,因为超重的女性比超重的男性更容易受到这种歧视的影响。这或许不仅因为她们不符合审美标准,也因为她们的身体占据的空间超过了社会允许女性占据的空间大小——毕竟公共空间通常主要由男人占据。最常见的例子莫过于出现在公共交通工具上的场景:男人们叉开双腿坐着,这个姿势常被戏称为"**大爷式占座**"(Manspreading),女人们则交叉双腿,尽量让自己占据的空间变窄。女人们总是尽可能从公共空间中消失,但胖女人显然无法做到。

完美普通人和大腿缝挑战：社交媒体的作用

不仅是媒体和广告中的完美女性身材暗示着女孩们应该拥有什么样的外表，在社交平台上，她们给彼此施加了更大的压力。所有照片都加上了美化滤镜，照片中的人也摆出了最上镜的姿势，一切都在传递着这样的信息：光彩照人的不只模特和明星，像你我这样的普通人也能够吸引人们的目光。我们会拿来与自己比较的往往是身边的普通人，比如朋友、同学，或者前几天在聚会上见到的女孩。

美国的一项研究表明，往往是普通人的形象助长了人们对自己身体的不满。在研究过程中，被测试者会看到三张穿着比基尼的女性照片，但照片不包含拍摄对象的头部。随后，工作人员将这三位比基尼女士的完整照片展示给被测试者，从而揭开她们的名人面纱——她们是演员杰西卡·贝尔（Jessica Biel）、网球运动员塞雷娜·威廉姆斯（Serena Williams）和模特坎蒂丝·斯瓦内普尔（Candice Swanepoel）。对于被测试者而言，不露脸的匿名照片比明星照片更容易让他/她们对自己的身体产生负面评价。这背后的原因是，许多人都能够意识到明星为了更美丽的外表付出了更多代价；与之相反，匿名照片则暗暗邀请人们与之比较，让看到匿名照片的人认为自己也应该拥有那样的身材。

社交媒体 Instagram 尤其成了我们与他人攀比的平台，人们在这里发布了各种"身体挑战"。在这些挑战中，女性用户发布自己的照片，照片中必须展示某个特别苗条的身体部位，这才算"通过"挑战。"大腿缝挑战"的成功标准是并拢双腿站立

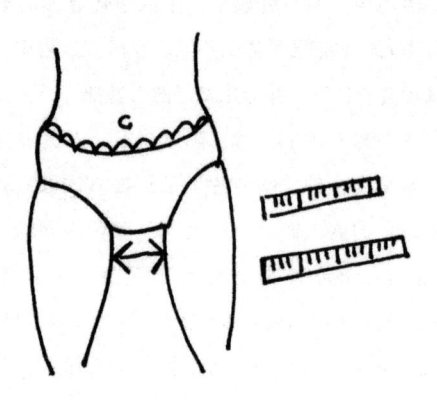

时，大腿之间能有一条缝隙。"比基尼桥挑战"则要求参与者躺下时，比基尼裤能够被突出的髋骨撑起，使其与肚子之间仍有空隙，如同一道架在髋骨上的桥梁。在"A4腰挑战"中，参与者需要证明自己的腰部纤细到能够被一张A4纸遮挡得严严实实。

这些挑战的共同点在于，它们宣扬了一种极其纤瘦的审美标准。根据解剖学原理，对于许多女性而言，无论她们如何节食或运动都无法实现大腿缝或A4腰。英国的一项研究证明，Instagram是对年轻人的身体形象产生最消极影响的社交媒体。

每种身体都可爱：身体自爱运动

近年来，借助 Instagram 等社交媒体，在"身体挑战"流行的同时，"身体自爱运动"（Body Positive Movement）也开始为人熟知。"身体自爱运动"的信条是：每个人身体的本来样子都是可爱的。因此，**"身体自爱"**反对将身体评价为"好"或"坏"、"美"或"丑"。它代表的理念是不言而喻的：没有人必须在减肥、增重、健身或祛痘之后才能展示自己的身体，或者做某些与自己的身体相关的事情。不管有没有赘肉，人人都可以穿紧身裤和露脐上衣，平胸女性当然也可以穿修身连衣裙。人们不需要通过节食和运动锻炼出比基尼身材之后（甚至是完成"比基尼桥挑战"之后），才可以穿比基尼泳衣。

"身体自爱"并非要在各种各样的身体之间制造对立，也不是为了改变现状而特意贬低纤瘦女性。**"身体自爱"**不代表**另一**种审美标准，而是要摆脱排他性的理想审美标准，展现多种多样的美。

一些时尚和美妆品牌已经开始将"身体自爱"的理念融入宣传,例如聘请大码模特展示服装,或者不再修饰广告图片。但是,只要女性认为自己的身体需要尽善尽美,整个时尚美妆行业就仍然能从中获利。总会有人认为自己必须购买燃脂霜、丰胸胸罩、束腹内衣或比基尼身材健身套餐。因此,业界非常乐意见到女性将更多的身体特征视为新缺陷,并为此向她们提供可购买的解决方案。女性主义者劳丽·彭妮(Laurie Penny)曾夸张地形容道:"如果地球上所有的女性明天早上醒来都觉得自己的身体舒适又健壮,那么世界经济将在一夜之间崩溃。"

审美标准与平等

八块腹肌、宽阔胸膛和训练有素的肱二头肌——对于男性来说，达到审美标准的压力也在持续增加。在媒体、广告和社交平台中，他们也不断面对着完美身材的困扰。这样的情况乍看之下似乎很公平，但并不是一种积极的发展，因为迎合某种特定的审美标准所带来的压力对任何人都没有好处。

然而比起男性，女性的外貌面临着更严苛的评价标准，**粉红税**（Gender Pricing，或译作"性别差异定价"）便是例证之一。这个词是指某种产品或服务针对特定性别会产生溢价。例如，用于改善和美化外表的产品和服务总是向女性顾客收取更高的费用：在理发店，无论头发长短，女性理发的价格总是比男性顾客更高；清洗一件女士上衣比清洗男士衬衫需要更多清洗费；甚至一把粉色剃毛刀都比相同款式的蓝色男士剃须刀更贵。为何如此？服务提供方和零售商显然认为，女性愿意为自己的外表花费更多金钱。

一家德国女性杂志的调查再次证明了美貌对于女性的重要性。在这次调查中，女性被问及是否愿意以 10 分的智商来消除一项影响美貌的缺陷，大多数人的回答都是肯定的。

为什么人们总是以外貌来评价女性？女性主义作家娜奥米·沃尔夫（Naomi Wolf）认为，随着女性地位与男性地位越来越平等，让她们保持美貌的压力也随之增加，因为这正是继续打压她们的方式。在其著述《美的神话》（*The Beauty Myth*）中，沃尔夫写道："在某种程度上，女性成功将自己从'孩童-厨房-教堂'的女性气质构想中解放出来，但美的神话取代它成为对女性施加社会控制的工具。"

纤瘦与饥饿：美貌压力的后果

绝大多数女性都达不到流行的审美标准，她们既没有"90-60-90"的身材，也没有大腿缝。因此，许多人对自己的身体产生了消极看法，并不停自问："我穿这条牛仔裤看起来屁股很大吗？""我得再瘦些才能穿那条裙子吧？"事实上只有极少数女孩在青少年时期超重，但在 13 岁时，有一半女孩都觉得自己太胖了；到了 15 岁，已经有四分之一的女孩开始节食减肥；有三分之一的女孩在吃东西时都会觉得心虚，冰激凌、巧克力和比萨饼都成了"罪恶"。

2007 年，罗伯特·科赫研究所（Robert Koch Institute）的一项研究得出了令人担忧的结论——在 11 至 17 岁的女孩中，大约每 10 人中就有 3 人出现了饮食失调的症状。如今，饮食失调比从前更为普遍，患有厌食症的年轻女性人数增加了一倍以上。过去，在 15 至 24 岁的女性群体中，每 10 万人中有 20 人患有厌食症，而现在每 10 万年轻女性中就约有 50 名厌食症患者，超过 10% 的患者甚至会因此死亡。

作为一种复杂的疾病，饮食失调并非由单一原因导致。但是，过分追求纤瘦的审美理想和对超重人群的污名化的确在其中扮演了重要角色。与此同时，饮食失调也为受此影响的人群带来了一个控制自己身体的方式，尽管随之而来的是对身体的严重损害——当社会对女性身体提出了不切实际的期待，那么节食、暴饮暴食和催吐也变成女性掌控自己身体的方式。

穿上衣服！着装要求

女生在学校可以穿热裤吗？黑森林地区（位于德国西南部）一所私立中学的校长在 2015 年夏天决定：不行！于是她给家长们写了一封信告诫道："……最近我们注意到，八年级和九年级的女生衣着总是充满挑逗意味。"根据校长的说法，学校中不应当出现具有挑逗意味的着装，因此学校决定与学生和家长共同制定着装规范。在着装规范实行之前暂定的守则是："对于任何身着露脐 T 恤、热裤等具有挑逗意味服装的同学，学校将发放一件大号 T 恤，在校期间必须穿着这件 T 恤。"

这条"T 恤守则"看似同时适用于男女学生，但从给家长的信中可以明确看出，这一规则的实际适用对象只有穿着"暴露"的女生。或者说，这条规则其实是针对所谓"具有挑逗意味"的服装。校长的用词意味深长，"具有挑逗意味"暗示着热裤和露脐上衣会"引诱"他人。例如，男生可能会盯着女孩的腿或者腰，而不是专心上课。可是，女生真的有义务确保男生专心学习吗？如果男生因为某位女生在30度的天气里穿了一件凉爽透气的衣服而盯着她看，这难道不是男生的行为问题吗？事实上，公立学校的学生可以穿自己想穿的任何衣服。

2018年4月，美国佛罗里达州的一所高中也发生了类似事件。一名穿着灰色长袖衬衫的17岁女生因为没有穿胸罩而不得不离开教室。她的乳头偶尔会透过上衣显露轮廓，因此她被要求穿上另一件上衣来遮住乳房。此外，乳房若隐若现的女生看起来不够贞洁，所以她还被要求贴上乳贴。而这一切的理由是：如果不这样做，她会导致男同学们在课堂上的注意力分散。这名女生在推特（Twitter）上公开批评了学校对此的反应：学校禁止她不穿胸罩就来上学，说明男生的学业显然比她的学业更重要；何况，这样的要求也意味着她的身体被学校**性化**（sexualisation）了。

事实如此奇怪：广告海报上到处都是半裸的女人，与此同时，现实中的女性却要注意不能穿得太"挑逗"。这个要求也不仅仅出现在学校里。与男性不同，一般来说女性不能赤裸上身游泳，也不能赤裸上身晒日光浴。这确实奇怪，毕竟男人也有乳头，如果他们体形略胖，乳房看起来就会类似女性乳房。但男人赤裸的上半身就只是普通的身体局部，他们的裸体与女性裸体不同，并不具有性意味。

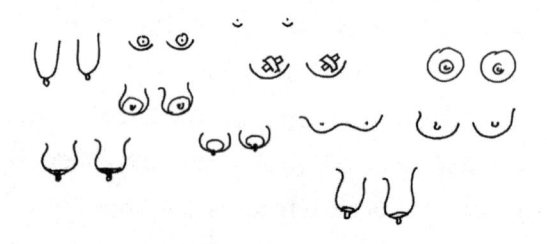

隐形的下体

是外阴还是阴道？每当人们谈起女性性器官时，事情总会变得混乱。通常情况下，女性两腿之间的一切都被含混地误称为阴道。

在此有必要澄清一下：**阴道**是指位于女性身体内部、通向子宫的管状器官；**外阴**是对女性外生殖器的总称，包括阴唇、阴蒂和阴阜。

外阴在有关女性性器官的谈话中常常被忽视。从女性主义视角看来，这一现象非常典型，毕竟在西方文化中，人们本就很少谈及女性的外生殖器。甚至在一些生物学书籍中，它们也被遗忘了。在公共场合中，外阴总是隐形的——与此形成鲜明对比的是无处不在的阴茎，无论在房屋墙壁、厕所门后还是教室黑板上，阴茎状的涂鸦随处可见。

ViVA la VULVA

在西方文化中，外阴隐形已久。人们很早就意识到阴蒂是女人性快感的核心，它甚至被称作"女人的阴茎"。但在200多年前，认为男女完全相反的想法开始盛行，人们沉迷于探寻两性之间的生物学差异（详情参见本书第3章），这一观点也就随之淡出了人们的视线。

与此相反，女性生殖器官现在仅仅被定义为阴道：从异性性行为的角度而言，阴道的确在身体形态上与男性阴茎完美适配。于是，女性性器官就这样被简化为一个"洞"，而外阴则消失了。这种想法对于人们了解阴蒂的过程又产生了什么影响呢？要知道，阴蒂的实际大小在1998年才终于被发现。

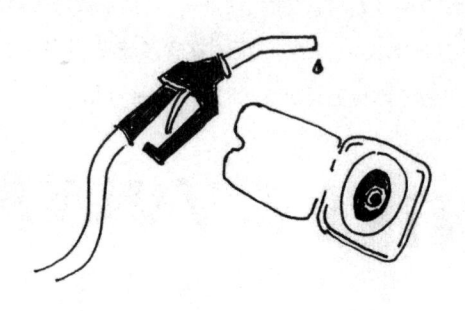

外阴在文化意义上的不可见性（除了在色情制品中）也解释了为什么越来越多女性选择阴唇缩小手术。随着阴部脱毛的流行，外阴不再被阴毛覆盖，因而在视觉上更加明显——一些女性认为，在文化意义上不该存在的东西一定是丑陋的。

蓝色血液：月经禁忌

在我们的文化中，月经常常是隐形的。虽然有一半人类都会与月经相伴几十年，但它仍是一种禁忌。男孩和男人都不应该知道月经的存在，卫生棉条只能被女孩们压低声音谈论并悄悄拿进厕所，而广告中的卫生巾则在吸收蓝色的"血液"。真正的经血竟然是红色的？真恶心，没人愿意看到它——不仅卫生用品制造商这么想，社交媒体 Instagram 也奉行这一原则。2015 年，Instagram 删除了艺术家鲁皮·考尔（Rupi Kaur）发布的一张照片，照片中的她躺在床上，运动裤和床单上有明显的血迹。在遭到抗议后，Instagram 才撤销了删除照片的决定。

月经禁忌的历史长达数千年。直到几十年前，

经血仍被认为有毒,"处于经期的女性不应煮水果、搅打奶油或烫发"之类的建议也四处流传。这些没有任何科学依据的建议当然只是胡说八道。然而在某些文化中,月经至今仍被视为不洁之物。在印度、尼泊尔、肯尼亚、加纳和委内瑞拉的农村地区,每个月都有数百万女性因为月经受到社会排斥。在不同地区,她们遭受的限制也有所不同:她们可能不被允许使用饮水机,不能进入寺庙,不准挤牛奶,不准烹饪食物。尽管在 2005 年,尼泊尔已禁止驱逐经期女性的风俗,但实际上直到如今,她们仍然会在经期被驱逐至偏远的泥屋或牛棚。在那里,她们常常面对野兽袭击,甚至被男人强奸的危险。

近年来,包括一些艺术家在内的许多年轻女性都致力于将月经带入公共视野,例如穿着染血运动裤的艺术家鲁皮·考尔。为了打破月经禁忌,这些艺术家用经血作画,用曾插入阴道的羊毛编织围巾。一位美国女性在月经期间参加了马拉松,不过她并没有使用卫生巾或卫生棉条,因此裤子上的经血格外明显。一位来自卡尔斯鲁厄(德国城市)的学生将写有女性主义话语的卫生巾贴在了家乡的路灯柱、公交车站和墙壁上,其中一片卫生巾上写着:"想象一下,如果男人像厌恶月经一样厌恶强奸。"

身体自决的自由

再次总结一下:在我们的社会中,不可企及的审美标准被广泛宣传,性化女性的着装规范被强制执行,而自然的生理过程被看作禁忌。在我们的社会中,女性身体受到无数种规训——这正是女性主义和女性主义者所批判的。正因如此,他/她们不愿向女性强加任何关于如何处理自己身体的规则。每个人都应该自己决定是否化妆或是否自豪地留着腋毛。因为女性主义就意味着女性能够自主决定自己的身体。

性别平等的语言:星号和间隔符
Gender-sensitive Language: Asterisks and Underlines

6

"女人"不值一提。

——路易丝·F.普施（Luise F. Pusch，生于1944年，德国语言学家，女性主义语言学的创始人之一）

玛莉丝·克拉默（Marlies Krämer）是一位退休人士，也是一位女性主义者，还是萨尔布吕肯储蓄银行的客户。然而，这家银行在业务表格中并没有以指代女性的称谓称呼她，而是使用了通用阳性称谓。[1] 玛莉丝·克拉默进行了反击，她希望银行在所有业务表格中都能够正确地以女性称谓称呼她。于是，在80岁那年，她来到了德国联邦最高法院。

玛莉丝·克拉默关注的并不仅仅是银行的业务表格，近30年来，她坚持为一种具有更多女性特质和更加平等的语言而奋斗。在20世纪90年代，由于护照的签名栏只印有"此身份证明的（男性）持有人"（Inhaber dieses Ausweises），玛莉丝·克

---

1 本章大量内容涉及德语构词法及表达方式，德语中许多表示职业、身份的名词会在拼写中体现指代对象的性别，较常见的方式是在表示男性的名词词尾加上"-in/-innen"来表示女性。这类称谓常常以阳性名词形式统称所有人，例如只在文件中使用"Inhaber"（男性持有人），而不使用"Inhaberin"（女性持有人），类似于中文使用"他们"代指男女皆有的人群。

第 6 章　性别平等的语言：星号和间隔符

拉默数年都没有更新护照,直至她能够以"女性持有人"(Inhaberin)的身份在护照上签名。此后,她又发起了签名活动以争取用女性名字命名高气压区,并最终获得了成功:自 1999 年起,高气压区每年会以男性和女性的名字交替命名。在此之前,气象中的高气压区总是以男性名字命名,而低气压区则以女性名字命名,玛莉丝·克拉默认为这种命名方式很不公平——这会让人们在天气好的时候想到男性,而将女性与糟糕的天气联系起来。她深谙语言的力量,因此坚决反对在日常表述中将女性排除在外,也反对将女性与乌云骤雨联系在一起。

包含一切的通用阳性称谓

以男性名[1]称呼一切——这种被称为"通用阳性代称"的表达方式在德国再正常不过了。然而,这种称呼方式非常不准确。有时,通用阳性代称可以代指一切。所有人,无论男女,都理应觉得这一称谓谈及了自己,理应觉得自己"被包含在内"。但在另外一些场合,当需要提及性别时,这种形式的代称也会特指男性。显而易见,这种称谓方式缺乏精确性。例如,以这种方式谈论一群学生时,我们仍然不清楚这些学生中是否包括女孩[2]。

能够代指一切的通用阳性词确有荒谬之处。在德语(和其他一些语言)中,面对100人的群体,即使其中99位都是女性,人们在描述时也会说100

---

1 即德语中的阳性词。在德语中,名词分为阳性、阴性、中性三大类,形容词和副词词尾也随之变化。
2 "学生"一词的阳性复数形式"Schülern",既可指代多位男性学生,也可指男女皆有的多位学生。类似在中文里,"他们"既可指代多位男性,也可指代男女皆有的多人。

位（男性）记者、（男性）厨师或（男性）园丁。以男性称谓统称一个群体，致使其中的女记者、女厨师和女园丁都被隐形了。

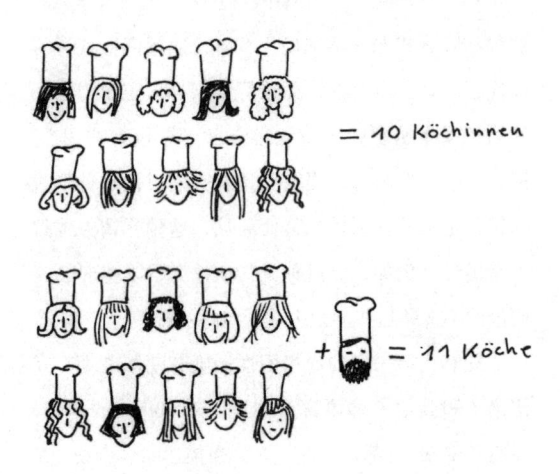

= 10 Köchinnen

+ = 11 Köche

Köchinnen　　特指女性厨师的复数形式
Köche　　　　厨师和男性厨师的复数形式

语言影响我们看待世界的方式

德语并非一种性别中立的语言,这正是它的问题所在。无论本意如何,语言不仅仅被用来描述世界,它也在影响着我们看待世界的方式。科学研究发现,当人们提起运动员时,总是首先假定这些人是男性,因此不会自然而然地想到女运动员。在阅读文本时,"女外科医生"之类的表述会使测试者感到困惑,而"男外科医生"则不会引起类似反应。其实,某些时候为了将阳性表达解读为包含所有人的通用代称,大脑首先需要"战略性地重新考虑"。在自发状态下,大脑并不会将阳性词汇理解为所有人的统称。

然而事实往往更加复杂,因为固有观念也在影响着我们阅读或听到的信息,比如"典型男性"应当是什么样,"典型女性"又该符合什么标准。语言学研究表明,测试者在听到"警察""统计学家""物理学学生"等术语时往往会联想到男性,而在听到"收银员""美容师""心理学学生"之类的词语时则会联想到女性。

朱迪斯·巴特勒

美国语言学家、哲学家朱迪斯·巴特勒（Judith Butler，生于 1956 年）被公认为性别研究的奠基人，同样是一位学界明星。1990 年，她的研究成果《性别麻烦》(*Gender Trouble*)提出了一种看待性别现象的新视角，从而彻底改变了女性主义理论。巴特勒不再区分生理性别和由社会构建的社会性别，她认为只存在一个由社会构建的性别，且它不一定只能是男性或女性，而是可以有无数种表现形式。巴特勒的这一观点极具影响力，但也受到了尖锐的批评。

性别中立的语言变体

针对语言中的性别问题,我们可以采用更加准确和中立的表达方式。在德语中,有多种变化形式可以让语言"性别化",即以更加性别敏感的方式来表述。此处的"性别化"一词可能会带来误解。它实际的含义是,德语本身已经是一种常常使用通用阳性词、偏向男性化、只对男性有利的语言了,在这样的前提下,提议将日常用语的含义"性别化"意味着不再仅仅强调单一性别,而是要让人们能够看到性别的多样性——既有男性,也有女性,甚至有并不属于这两类的人群,这些不同性别的人在语言表述中都应当被包含在内。为了公正对待这些差异,人们提出了多种替代方案来取代通用阳性词。

例如,在描述一群学生时,之前常用的德语表述是男性形式的名词"Schüler"(意指男学生们或学生们),若要采用更加"性别化"的表达,可以写成"Schülerinnen und Schüler",即"女学生们和男学生们"。如果觉得后者太冗长,也可以使

bInnen

这个术语表示在词中间插入大写字母"I"的方法

用"学生"一词的女性复数形式（Schülerinnen），但将其中作为后缀首字母的"i"大写，写作"SchülerInnen"；或在表明性别的后缀处变化，写作"Schüler/innen"。此外，如果指代对象并不强调某种性别，也可以在表述中交替使用男性化称谓和女性化称谓，例如交替使用"Schüler"（男学生们）和"Schülerinnen"（女学生们），或有时用"er"（他），有时用"sie"（她）。

另一种将语言"性别化"的方式是以牙还牙，即在用女性化称谓时也将男性群体包含其中。例如，即使一群学生中不只有女生，也使用"女学生们"（Schülerinnen）来称呼。这种语言变体被称作"通用阴性词"。现在，莱比锡大学已经开始使用这类表达方式了。"通用阴性词"会激怒人们,从而使人们意识到常用表达方式的不公平之处。然而,与"通用阳性词"一样,"通用阴性词"也会因模糊性而引起混淆:使用这类称谓时,除了被明确提到的女性,我们仍不清楚其中是否存在别的性别群体。

上文提到的大写后缀首字母"I",使用分隔符(/)和直接并列使用两种性别形式都是语言"性别化"的常见变体,但它们并不具有完全的包容性。毕竟,这些表述的前提是世界上只存在男性和女性两种性别,那些在二元性别秩序中无法找到归属感的人群依然被排斥在外。因此,若想在谈论与人相关的话题时彻底摆脱性别限制,使用没有性别特征的中立语言形式才是理想选择。

在德语中,名词化的动词分词也常被用作中性替代词,例如,用"Teilnehmende"(参与者)代替"Teilnehmerinnen"(女性参与者们)和"Teilnehmer"(男性参与者们)。但这一用法的前提是存在合适的动词,例如这里提到的"teilnehmen"(参与)。而在上文提到的例子中,就找不到合适的动词分词来同时指代"女学生、男学生以及其他在学校上学的人群"。不过,这种替代方式倒适用于老师。我们可以用"Lehrende"(授课者)来代替"Lehrern"(男老师们)或"Lehrerinnen"(女老师们)。这种指代方式在当下仍然不太常见,但在某些表述中早已成为习语——大学生们现在通常会被称作"Studierende"(学习者),而不是"Studenten"(男学生们)和"Studentinnen"(女学生们)。

抵制"性别化"

对于想使用性别中立的表述方式来讲话和写作,但又不想大张旗鼓的人而言,动词分词和其他不太引人注目的"性别化"表述才是首选方式。因为那些选用明显"性别化"词语的人常常受到排斥,或被指责过于强调意识形态,不能保持客观。

德国语言学家、性别研究学者兰恩·霍恩施耐特(Lann Hornscheidt)的经历便是证明。直到 2016 年,霍恩施耐特都在洪堡大学担任教授,这位学者一直觉得自己既非男性也非女性。2014 年,霍恩施耐特提出了一种使用后缀"x"的"性别化"新形式。例如,写给霍恩施耐特的邮件可以这样开头:"尊敬的兰恩·霍恩施耐特教授"(Sehr Geehrtx Profx. Lann Hornscheidt),读作"geehrtiks Profiks"[1]。这一建议意味着人们可以避免被归入某种

---

[1] 德语中在使用教授等职位称呼某人时,会通过改变名词及相关形容词词尾后缀的方式表明对方的性别。

特定性别，性别二元论的体系将被打破。提出该建议之后，霍恩施耐特便被憎恨与恶意淹没了。尽管这一想法听起来很有趣，但人们的反应却不尽然。例如，一位脸谱用户建议让霍恩施耐特从此长眠。

用后缀"x"让语言"性别化"的方式至今未能普及。不过，另外两种明显的性别敏感表达方式如今更加常见：星号（*）和下划线（_），也被称作性别星号和性别间隔符。星号和下划线不仅性别中立，也能够简明替代"女学生、男学生以及在学校上学的其余人群"这类冗长表述——只需简洁地写作"Schüler*innen"或者"Schüler_innen"即可。

星号和下划线都是带有冒犯性的方式，也能借此向其他人表明，性别中立的语言对你而言非常重要。当然，这种方式不仅会招来反对，也会带来热情的志同道合者，甚至还会吸引对此暂无了解的人发

出好奇的询问——这正是向他/她们解释的好机会：所谓的"通用阳性词"和用男性代称指代所有人的表述都不是性别中立的，而是不准确且不公平的。

由此引起的反对声音往往十分尖锐，反对者们一遍遍重复着相似的论点：性别敏感的语言不够流畅，它会降低文本的可读性；此外，为什么要刻意重塑我们的语言呢？我们一直以来都是这样说话的呀！最后一条批评很快就被事实反驳了——语言总是持续不断地变化着。比如，在德语中，用"Fräulein"（小姐）一词称呼未婚女性如今被认为带有居高临下的意味，但人们曾经对这一称呼习以为常。

何况，一项让测试者阅读药品说明书的研究已经证明，更加公平的表达方式其实并不会影响文本的可读性。在这项研究中，第一组测试者拿到的说明书使用了通用阳性词，例如"Diabetiker"（男性糖尿病患者）和"Patienten"（男性病人）；第二组测试者的说明书使用了中性表达和指明两种性别的表达，例如"Personen"（人们）和

"Diabetikerinnen und Diabetiker"（女性患者和男性患者）；第三组测试者阅读的版本则将名词后缀首字母的"I"大写，例如"DiabetikerInnen"（糖尿病患者）。之后，测试者必须参加测试以检验对所读内容的记忆程度——这是衡量文本可理解性的客观标准，他/她们也需要对文本的可读性和可理解性评分。研究结果与许多男性读者的观点相反，性别中立的表述对文本的可读性和可理解性没有任何负面影响。

另一个意味深长的论据则是所谓的"阳刚之美"，但这一论据明显基于主观感受，何况语言也并非总是美的。比如，同样"不美"的法律条款可从未像"性别化"表达这样饱受非议。那些持美学观点的人可以自问：对我而言，美丽的语言和公平的语言哪个更重要？

还有一个偶尔被用来反对性别中立语言的观点是："学生们"可以写作"Schüler*innen"，但读起来却很奇怪！难道我们以后都要说"Schüler-Sternchen-innen"（相当于学生星号们）吗？其实，重视语言公平性的人们早就为此找到了解决方法：在类似表述中，可以在星号或下划线的位置短暂停顿，读作"Schüler-innen"，而当代指对象全部为女学生（Schülerinnen）时，仍然按照传统的德语读法将"r"与"i"连读。

由此可见，有充足的理由和多种替代方案支持我们去除语言中绝对男性化的部分。然而短期内，萨尔布吕肯储蓄银行仍然不会有女性客户（Kundinnen），更不会有性别中立的"KundInnen""Kund_innen""Kund*innen""Kundx"。2018年3月，联邦法院宣判，玛莉丝·克拉默无权要求银行称其为"女性客户"（Kundin）或"女性储户"（Einzahlerin）。主审法官承认，以通用阳性词作为代称的确曾受到批评，有时也被视为对女性的歧视；但是，目前的法律同样基于通用阳性词代称，因此不能要求银行以另一种方式处理语言方面的性别平等问题。现在，玛莉丝·克拉默希望能够上诉至联邦宪法法院，并在下一次判决之前为了更加公平的语言而抗争。

爱只是爱？亲密关系、爱情与性
Love is Just love? Intimacy, Love and Sex

7

我认为这个世界需要更多的快乐、爱和高潮。我们处在一个敌视愉悦的社会。在这里，人们更倾向于接受苦难。我想对女性说，她们在性这件事上本应拥有强大的力量，但却常常与之缺少联系，因为她们从小就被规训要取悦男人。

——安妮·斯普林克尔
（Annie Sprinkle，生于1954年，美国行为艺术家、性学博士，曾是演员）

2018年3月，一张亲吻照片震惊了德国媒体。44岁的模特真人秀节目制作人海蒂·克鲁姆亲吻了28岁的汤姆·考利茨（Tom Kaulitz），后者是德国流行摇滚乐队"东京饭店"（Tokio Hotel）的吉他手。女方比男方年长整整16岁——几乎所有文章都提到了这件事。资讯网站"亮点"（stern.de）亲切评价说"这没问题"，但这个年龄差距毕竟有点"奇怪"——然后人们已经算清楚，当考利茨还是小学生的时候，模特克鲁姆已经身着泳装和内衣在摄像头前摆出各种姿势了。这听上去有些肮脏和背德。

毫无疑问，我们有充足的理由不同意海蒂·克鲁姆的某些观点，例如她在《德国超模大赛》中所传达的女性形象和理想审美标准（详见本书第4章）。然而，如果她被批评的原因只是有一位比自己年轻许多的新男友，这便显而易见地说明我们的社会对于谁和谁可以做亲密举动有着明确的标准。年长男性和年轻女性建立亲密关系被普遍接受，反之则不然。在一些情况下，"约会警察"会怀疑地盯着某些情侣：她比他高？她有博士学位，而他只有中学文凭？她算不上标准美女,但他看起来像个超模?"他和她之间的关系能长久吗?"媒体和社会不断问道。最重要的是,所有这些都说明了在爱情中性别角色有着多么强大的力量:男人应当养家糊口,女人则是美丽的性对象。

2015年夏天,青少年杂志《喝彩》(*Bravo*)的官方网站上出现了一篇文章,这篇文章致力于提升女性读者的调情技巧。《喝彩》为那些想给男孩留下好印象的女孩提供了"100条超级魅力秘诀",它的建议包括:"许多男孩喜欢元气满满的女孩面容。记得一定要用腮红,它能让你在男孩眼中性感又健康。""当你和喜欢的男孩在一起时,压低说话的声音,这会让你显得性感成熟。""叮当作响的吊坠声听起来美妙性感,会吸引所有男孩的目光。"这份魅力秘诀中共有13条建议指导女孩如何变得性感,但也少不了告诫她们不要过度:"不要把自己打扮得太性感,深V领口和超短裙在男孩眼里往往太过放荡。"

荡妇与处女

"保持性感,但不要成为荡妇!"《喝彩》这个自相矛盾的建议透露出严重的厌女气息,无疑是**荡妇羞辱**(Slut Shaming)的典例。在荡妇羞辱的逻辑中,女性甚至未必真的发生了性行为,只要表现出自己的性欲,她们就会遭到攻击。仅仅是身着轻薄或紧身衣物,或者"浓妆艳抹"(但这些标准又是谁规定的呢?),就足以让她们看起来"放荡"了。这些措辞表明,荡妇羞辱的本质在于女性"本不该拥有"的性欲。

当一个女人与"太多"男人同床共枕过,或者"太快"与一个男人上床,她就会被称作"荡妇""婊子""破鞋"或者"很随便",这纯粹是荡妇羞辱。有些男人会对性经验丰富的女性说些厌女的话,比如说她们"那里太松了",与她们的性生活并不愉快。不过,有些女性也会指责她们的女性同胞"到处乱搞"。荡妇羞辱也体现出社会双重的道德标准:性生活活跃的男人几乎不会受到社会排斥,他们被

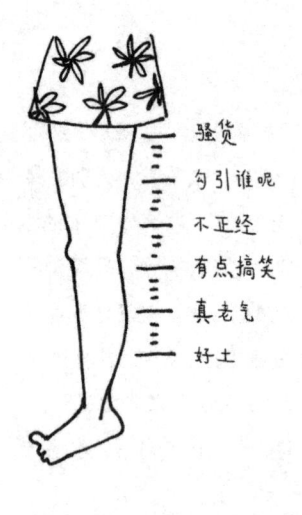

视作"玩咖",或者用略显过时的说法——"风流浪子"。

荡妇羞辱不过是众多试图掌控女性性行为的方式之一。另一个例子是,在某些宗教和社会中,人们普遍期望女性步入婚姻时仍然保持着处女之身。在美国,希望自己结婚时仍是处女的女性占到了八分之一。在"纯洁舞会"上,少女们发誓会在结婚前禁欲。在阿富汗,发生婚前性行为会被判处监禁。相比之下,尽管德国的性道德要求较为宽松,一些女性仍然会选择在婚前修复阴道瓣(即所谓的"处女膜"),从而在新婚之夜让新郎觉得自己此前从未有过性行为。

对女性童贞的狂热崇拜打造了一个影响深远的

传说：人们错误地认为可以通过阴道瓣的状况来判断一位女性是否有过性行为。事实却并非如此。而"处女膜"这个称呼更助长了这一错误说法的传播。认为一个女人初次和男人发生性关系时会流血，也完全是谬误。所谓的"处女膜"并非一层封闭薄膜，而是一种围绕着阴道口的弹性组织皱襞。它的实际样子因人而异，通常它的形状更像是一个扎头发的发圈，而不是一块保鲜膜。

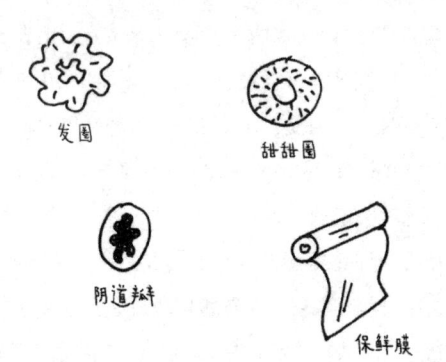

发圈

甜甜圈

阴道瓣

保鲜膜

保持性感,别假正经了

如果女性被认为性生活丰富,那她们往往会遭人鄙夷,但与此同时,性感又被视作女性不可或缺的品质——四处散播这个要求的不仅仅是《喝彩》中的"调情技巧",还有比萨和酒店广告中的半裸模特(详见本书第4章)。当女孩们在Instagram上发布嘟嘴姿势的性感自拍时,她们也在向彼此传递这个信息。虽然一个女人不该是"随便的",但她应当是性感的;如果一个女人对亲密关系表现得完全不感兴趣,就会被视作"假正经""压抑"或"不解风情"。可是,对人们——各种性别的人——而言,并非每时每刻都在想着性生活才是人之常情。

这种关于性欲和性行为的"标准"给男人带来的压力或许比给女人带来的更多。因为时至今日,社会中仍然存在着一种刻板印象,即男人对性的渴望超过了对亲密关系的渴望,而且他们有着本能的、几乎无法控制的性冲动。另一方面,女性则被认为主要追求亲密关系,而性需求较弱。永远性欲旺盛的男人和无欲无求的女人，这样的认知起源于 19 世纪，当时两性之间的对立被用来捍卫男性的社会优势地位（详见本书第 3 章）。顺便一说，在 19 世纪之前，情况恰恰相反：女性被认为是好色的诱惑者，与理智的男性形成了鲜明对比。

必须取悦男性

除了上述提到的种种,《喝彩》杂志的 100 条建议中还包括其他含有性别歧视意味的准则,正是这些准则塑造了我们对于性和爱的观念。其中之一便是:女孩想要且应该取悦男孩,为了取悦男孩,女孩应当多在自己身上下功夫。还记得《喝彩》给出的建议吗?女孩必须穿上合适的衣服,化上恰到好处的妆容,最好还要修饰自己的声音。而另一方面,女孩自己喜欢什么并不重要,重要的是她们在男孩面前如何表现,以及男孩究竟在意什么。"不要选择粉红色的衣服和配饰!所有男孩都讨厌这种颜色!"《喝彩》的编辑们如此强调。此外,"借助造型与你心仪的男孩建立更亲密的关系。如果他喜欢某个乐队,就买一件带有该乐队标志的衣服,或者买一条挂绳——这会让你在他眼中看起来更酷!"多奇怪的建议——穿一件印有你自己喜欢的乐队标志的 T 恤难道不是更引人注意吗?

《喝彩》杂志不仅反复叮嘱女孩要压抑自己的

喜好，而且时时刻刻教育她们要保持谦虚和安静，于是她们也将这些教条带入了自己的爱情生活。由此产生的后果是，大多数女性都不关心自己的性欲，她们中甚至有许多人对此毫无了解。相反，她们经常在性生活中参与自己根本不喜欢的事情，为了哄伴侣开心，还可能要假装高潮。

在美国的一项调查中，52000名参与者被问到他或她们在过去一个月中是否有过性高潮。95%的异性恋男性给出了肯定答案，但只有65%的异性恋女性回答了"是"，差距高达30%。但其实与女性是否容易达到性高潮的关系不大，真正的原因在于当男性和女性发生性关系时，他的快乐显然比她的体验更重要。

谁爱谁？

2015年夏天，《喝彩》的建议激怒了许多人，因此编辑们将这篇文章从官网删除，并为其失败的调情技巧道歉。不过，在对这份建议的批评中几乎没有人提到它理所当然地预设了女孩爱男孩、男孩爱女孩。或许是因为这种异性恋预设的确被广泛视作爱情的标准模式。无论是在女性杂志还是在男性杂志中，与情感相关的建议也一直针对异性恋群体。当谈及爱与性时，社会中自然而然占据上风的观念是女孩爱上男孩，或者男孩渴望女孩。另外的群体统统被遗忘了。这种社会规范被称作"异性恋本位"，它意味着只有男女之间的爱情被视为正常。

异性恋本位也体现在对同性恋的排斥和抗拒上。在2016年的一项调查中，大约10%的受访者认为同性恋是不道德的，约有20%的受访者认为同性恋是非自然的。也许抱有类似想法的人实际上更多，因为并非所有人都会在调查中公开表达对同性恋的抵触。如果以更加委婉的方式询问人们对同性

性取向

我爱上了谁？我渴望谁？这些感觉被称为性取向。异性恋男女在情感和性方面都被异性吸引。男同性恋者被男人吸引，女同性恋者被女人吸引。男性和女性对双性恋者而言都有吸引力。泛性恋者对一个人的爱和渴望与其性别身份无关。无性恋者没有或很少感受到其他人的性吸引力，但一些无性恋者会希望与他人建立情感联系。

恋的看法，这个数字或许更高，"同性恋者应该停止关于性取向的热烈讨论和社会运动"这一说法获得了约44%受访者的认可。

从德国现行的法律中也能够看出整个社会如何评价非异性恋。在战后很长一段时间内，德国《刑法》第175条仍然将男性之间的同性关系判定为应受惩罚的罪行。直到1994年，所谓的"同性恋法条"才终于被废除。直到2017年夏天，联邦议院才终于通过了面向所有人的婚姻制度。那些被异性恋视为理所应当的合法婚姻权利，同性恋伴侣至今也不过只享受了几年。

尽管自2001年起，德国已经有了针对同性恋的"生活伴侣"这一法律概念，但它看起来更像是一种"简化版婚姻"。与法律定义上的已婚夫妇相比，"生活伴侣"在经济上处于不利地位，他/她们无权享受针对合法伴侣的夫妇共同报税优惠方案和遗属养老金等税收优惠，在继承法上也处于不利地位。

奥德雷·洛德

"黑人、女同性恋者、女性主义者、战士、诗人、母亲"——奥德雷·洛德（Audre Lorde，1934—1992年）如此描述自己。这位作家和社会活动家成长于纽约哈莱姆区，小小年纪就写出了自己的第一首诗。凭借散文和诗歌，她成为21世纪70至80年代最重要的女性主义理论家之一。洛德的所有作品都基于她的"差异理论"。在她看来，人们并不是因为差异而分裂和冲突，而是因为整个集体都无法认识、接受并赞美这些差异。1984年至1992年，洛德在人生的最后一段时光里常常前往柏林，积极支持在那里兴起的非裔德国人运动。

婚姻及其烙印

如今,许多人都觉得结婚是件非常浪漫的事,那声"我愿意"被认为是夫妇间爱情的最终表达。声称婚礼是"一个女人一生中最美的一天"的并不只有婚礼策划师——这就是一场婚礼能够花费数千欧元的原因。然而,这种浪漫概念其实是一个相当现代的发明。

最初,婚姻是一个冰冷的经济共同体,是一个彻头彻尾的父权制组织。前者的特性如今仍然体现在已婚夫妇拥有的经济权利和义务中,后者则主要体现在与婚礼相关的传统和习俗中。例如,在教堂婚礼上,新娘的父亲有时会将她带到祭台前交给新郎——从一个男人手中到另一个男人手中。有时,为了让婚礼更"好玩",新娘甚至会被"绑架"。直到今天,德国的大多数妻子在结婚后都会随夫姓。为了捍卫在婚后保留自己姓氏的权利,女性不得不向联邦宪法法院提起抗议。

婚姻应当以爱情为基础——这种想法直到19

世纪才出现，在此之前，婚事全都由亲属长辈安排。婚姻通常基于经济协议，女性在婚后便会成为丈夫的性财产——反之，很少有人会说丈夫也是妻子的性财产。此外，新娘是否仍然身为处女也至关重要。在婚姻中，妻子并不是一位平等的伴侣，而是丈夫的私有物。

这种情形在德国一直持续到 20 世纪下半叶。尽管在 1949 年颁布的《德意志联邦共和国基本法》中就规定了"男女享有平等的权利"，但这一法条最初并不适用于婚姻。在德意志联邦共和国，直到 1958 年，丈夫仍然拥有决定所有婚姻事务的唯一权利。丈夫管理妻子的财产，并有权禁止妻子外出工作，这种情况直到 1977 年才得以改变。

婚姻制度也影响了我们对非婚姻爱情关系的看法。在社会中占据主导地位的观念是，亲密关系是发生在特定两人之间的排他性关系。亲密关系的定义将爱情与伴侣的性归属权联系在一起：性忠诚被理解为爱情的表达方式。非排他性的亲密关系对许多人而言是无法想象的。因此，倡导开放关系或多元伴侣（Polyamorie）的人常常遭遇排斥和偏见。多元伴侣是指在所有参与者知情并同意的情况下，拥有多种亲密关系或性关系。无论别人如何看待这种关系模式，同意机制才是多元伴侣关系的核心。

性同意：性行为就像喝茶

达成协议或共识的前提是人们相互沟通，但每当涉及性时，大家常常陷入沉默。其实只要通过几个问题，我们就能更轻松地达成真正的性同意：你想这样？我可以吻你吗？我可以摸你这里吗？你喜欢我这样做吗？

问这样的问题尴尬吗？会显得不解风情吗？毕竟好莱坞电影告诉我们，优质的性爱都是默契无言的——除了一点呻吟声。然而在现实中，无论面对相熟多年的人还是当晚刚刚认识的人，读心术都常常失灵。那么人们如何知道对方是否喜欢自己的行为呢？女性主义者杰克琳·弗里德曼（Jaclyn

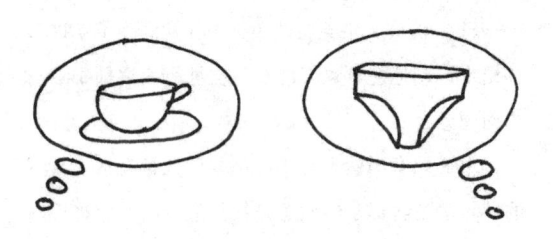

Friedman）和杰西卡·瓦伦蒂（Jessica Valenti）曾建议，积极寻求性同意才是更佳选择。她们将曾经的女性主义口号"不就是不"（No Means No）换成了以同意为导向的"是就是是"（Yes Means Yes）。这个新口号的含义是，当涉及性的时候，任何人在对别人的身体做任何事情之前都应该尝试得到一个明确的"是"——确认对方同意抚摸与亲吻，同意脱掉衣服，同意性行为。

在瑞典，"是就是是"如今已经成为法律条例。对性行为的同意可以通过言语或手势表达，但它必须经过确认，否则就是在犯罪。瑞典前首相斯特凡·勒文（Stefan Löfven）解释："性行为应当是自愿的，非自愿的性行为是违法行为。"一些德国媒体认为这项改革矫枉过正，保守派媒体《世界报》（*Welt*）评价说"瑞典将政治正确性发挥到了极致"，并语带讽刺地建议最好能在每次性行为之前都取得书面同意。

书面同意当然没必要。一段播放量高达上百万的视频清晰解释了性同意是如何达成的。它将性同意类比为是否想喝茶的问题：你可以拒绝喝茶，也可以在尝试之后再决定自己并不想继续喝。当然，失去意识的人无论如何都不会想喝茶，强喂他/她们喝茶不仅不合理，而且是对他/她们的侵害。性行为方面的原则也是如此。

"是就是是"的原则并不能避免所有性侵犯，因为性侵犯不一定出于误解，而常常是有意地越界和展示权力。但"是就是是"能够帮助人们只做那些每个参与者都能接受的事情。而且，它改变了我们对于性暴力的看法。

杰克琳·弗里德曼解释说："我们不再去问受害者你的反抗够不够大声，而是去问施暴者，你是否征得了对方同意？"

#MeToo 运动？针对女性的暴力
#MeToo Movement? Violence against Women

8

从来都是女性承担了一切,从来都是女性讲述她们经历了什么——从来没有男人承认自己对女性做了可怕的事情。

——尼娜·鲍尔

(Nina Power,英国哲学家、文化理论家,引文为她关于 #MeToo 运动的发言)

"各位男士，你们每天都会做些什么来保护自己免受性侵呢？"每当女性主义作家、电影制片人杰克逊·卡茨（Jackson Katz）在他的演讲中问出这个问题，被问到的男性都会陷入一阵尴尬的沉默。这是个陷阱吗？有试图活跃气氛的听众回答说，他会尝试各种方法，只要别把自己弄进监狱就行。不过，每次都很快有男人站出来，冷静地解释说他没有做过任何事情来保护自己——因为他并不会为此担心。

然后，卡茨向在场的女性提出同样的问题：你们如何保护自己免受性侵？立刻有许多女性站出来回答：不在天黑之后出门跑步，仔细考虑自己的衣着，绝不搬进位于一楼的公寓，结伴出门，不喝太多酒，而且从不让饮品离开自己的视线。她们携带胡椒喷雾，避免与街上的陌生男人有眼神接触，也不独自去树林散步。

这些问题杰克逊·卡茨已经问过了几百次。他让其他男人意识到他们常常忽视的东西：对性侵的恐惧笼罩着女性的日常生活。为了自我保护，她们或多或少都限制了自己的活动。

女性确实有理由担心自己会受到性侵。2004年，一项关于"德国女性生活现状、安全及健康"的调查已经证实了这点。这项研究表明，在德国，几乎每7名女性中就有一位在16岁之后经历过涉及身体胁迫或威胁的性暴力：例如被强暴、被猥亵或被迫模仿色情场景。

在所有受访者中，多达58%的人至少遭遇过一次性骚扰。也就是说，半数以上的女性都经历过某种形式的性骚扰：例如淫秽电话或者短信，遭遇"咸猪手"，被强吻，又或者在工作中被上司明确告知不与其发生性关系会影响职业发展。诸如此类，比比皆是。

基于性别的暴力

强奸、性胁迫、性虐待、性骚扰,这些都是性化的暴力(sexualized violence),它们常常被称作"性暴力"(sexual violence)。不过"性化的暴力"这一说法更加清晰:重点是"权力",而非"性"。性化的暴力是指在工作等级、身体或其他任何方面滥用权力,对受害者在性的层面上造成侵害。

对于受到侵犯的受害者而言,这种暴力与性欲的满足完全没有关系。

当女性遭受性暴力时,施暴者几乎总是男性。在本书引用的调查中,99%的受害女性指出施暴者是一名或多名男性,而只有不到1%的施暴者是一名或多名女性。

韦恩斯坦案及其后果

自 2017 年秋季开始,全球各地都开始讨论性暴力究竟有多普遍,#MeToo("我也是")成了这一运动的口号。这场讨论最初始于一桩丑闻,涉事者是好莱坞最有权势的人物之一。2017 年 10 月 5 日,《纽约时报》刊登了一篇文章,谴责电影制片人哈维·韦恩斯坦(Harvey Weinstein)对艾什莉·贾德(Ashley Judd)、罗丝·麦高恩(Rose McGowan)等女演员实施了性骚扰。几天后,更多女性通过《纽约客》杂志指控韦恩斯坦的性骚扰行为,其中 3 名女性指控他强奸。知名演员安吉丽娜·朱莉(Angelina Jolie)和格温妮丝·帕特洛(Gwyneth Paltrow)也表示自己曾被韦恩斯坦骚扰过。最令人震惊的是,这位有权有势的制片人常选择事业刚刚起步的年轻女演员作为目标。

10 月 15 日,即第一篇揭露韦恩斯坦的文章发布 10 天后,女演员艾莉莎·米兰诺(Alyssa Milano)在推特上呼吁其他女性使用 #MeToo 这一话题标签说出自己遭受性侵犯、性虐待和性别歧视的经历。她写道:"如果所有经历过性骚扰或性侵犯的女性都能发声'我也是',我们就能够让人们意识到这一问题的严重性。"数年前,社会活动家塔拉纳·伯克(Tarana Burke)就曾使用过"MeToo"这一口号以引起人们对性暴力的关注。但这一次,它成了世界性的口号。不到 24 小时,这一话题标签的使用次数超过 20 万;一天后,#MeToo 话题下的帖子已经超过 50 万条。

最后,使用这个话题标签的人不计其数。许许多多女性和一些男性用寥寥数言描述了自己的经历:

"派对后,我躺在一个男性朋友的床上,他整晚都在试图摸我的胸。"

"我在餐饮业工作了很多年。每到深夜,我就会成为被觊觎的猎物。"

"事情发生时,我只有 8 岁。我不知道自己是否认识任何一位从没遭受过攻击、强奸、咸猪手、骚扰、欺辱或威胁的女性。"

"一次是 13 岁在街上，一次是 17 岁在夜店。一次穿着牛仔裤，一次穿着迷你裙。一次是小男孩，一次是男人。一次是陌生人，一次是朋友。"

这场 #MeToo 运动继续向着不同方向发展。更多有权有势的知名人士被指控性骚扰、强奸和性虐待。到 2019 年 4 月，已有 100 多位女性指控哈维·韦恩斯坦对自己实施过性侵犯。韦恩斯坦承认自己有过不当行为，然而他坚持否认一切关于未经同意的性行为的指控。

#MeToo 的标签下展开了一场关于性暴力的讨论，同时进行的还有关于性别歧视和性别平等的讨论。在德国，早在 2013 年，人们已经借助"#Aufschrei"（意为"呐喊、抗议"）的话题标签开展过类似的讨论。当时，人们在推特上分享的经历也激起了众怒，许多人都向受害者表达了同情和声援。但对于"#Aufschrei"的报道也引发了大规模的防御性反应，仿佛不该发生的事情就一定不是真的。如今，#MeToo 运动也激起了同样的质疑——而它们清楚地表明了有关性暴力的讨论出了什么问题。

反 #MeToo

有些人认为,关于 #MeToo 的讨论泥沙俱下。他们声称,当然存在强奸受害者,但也有些女性不过是被人看了一眼胸部,就觉得对方罪无可赦;有些人感到不安合情合理,但有些人完全就是夸大其词。这些观点将受害者区分为"值得的"和"不值得的",这种区分本身就非常奇怪,何况它还忽略了一个事实:#MeToo 运动并没有声称所有的性暴力事件都同样严重。恰恰相反,它表明许许多多女性都经历过各种各样的性骚扰和性暴力,这说明存在着结构性问题。

此外,还有一些论调担心 #MeToo 运动会影响两性之间的相处:在 #MeToo 时代,男人应该如何调情?这种担心首先便揭示了男性对调情的想象:调情应当是一种潜在的侵犯,男人是猎人,他们要坚持不懈地纠缠一位故作腼腆的女人,直到最终得到她。事实上,这种想象并不是美好的暧昧调情,而是女性主义者所说的"强奸文化"(Rape

Culture)的一种表现。强奸文化意味着在一个社会中，性暴力被认为是正常的：比如，当女人被男人摸屁股时，她们不应该大惊小怪——因为这不过意味着一种赞美。

在 #MeToo 运动中，有种反对的声音认为女性应当自我保护，而不是执着于以"受害者"的身份在社交媒体上一遍遍抱怨。然而，一位奥地利女性的遭遇证明了女性的自我保护并非易事。前绿党成员希格·莫勒（Sigi Maurer）经过一家精酿啤酒店时被人纠缠辱骂，之后她在脸谱上收到两条性骚扰消息，发信人正是这位店主。"嗨，你今天路过我的店时盯着我的下体，是不是想尝尝啊？"这是其中一条，其他信息更加不堪入目。莫勒将这些消息的截图发到了网上作为反击，其中也包括了发信人的名字。

莫勒说，公开这些截图是为了捍卫自己的权利，因为根据奥地利法律，在没有证人的情况下，这些骚扰言论不会受到惩罚。除了公开截图，她也不知道该怎么做。然而，店主对此的回应是起诉莫

强奸文化

"女人说'不'就意味着'是'。"

耳熟吗?这样危险的曲解正是"强奸文化"的典型例子。深受强奸文化影响的社会氛围允许、纵容强奸和其他形式的性暴力,性暴力的危害也被轻描淡写。由此产生的后果是,整个社会共同为性暴力蒙上了遮羞布,受害者屡屡被质疑,甚至被指责有错。

勒:他声称这些信息不是自己写的,也不知道发件人是谁,因为电脑就放在他的商店里,任何人都可以使用。

莫勒被法院判定为"恶意诽谤"。在判决理由中,法官解释道:尽管他相信"很有可能"是店主在撒谎,但在审判过程中无法证明是店主本人发送了信息;莫勒的行为"动机可敬",但她未能提供任何证明店主是发信人的"确凿证据"。

希格·莫勒案的结果激怒了许多人,它证明了女性想捍卫自己的权利有多么困难。何况,更多女性在揭发和控诉自己遭受的性暴力时,甚至不会像希格·莫勒那样被其他人相信。恰恰相反,#MeToo运动中不时会有声音责备女性将所有男人都置于"普遍嫌疑"之中。

这种批评流露出对女性根深蒂固的质疑。它暗示女性为了伤害男人,会指控行为完全得体的男人侵犯过自己。的确,这种情况也可能发生,某些倒霉的男人有过类似的糟糕经历。但相对而言,虚假指控的情况寥寥无几,而每位公开揭露知名男性性侵的女性则都有同样的经历：被质疑或被认为动机不纯——比如出于报复或想要借此出名。

据估算，已知的性侵指控中大约有 2% 到 8% 来自虚假指控。值得注意的是，这个数字显示的仅是虚假指控在已知的性侵行为中所占的比例。更多的强奸罪行从未被公之于众，这背后的原因多种多样：诉讼过程会给受害者带来巨大的心理压力，或者侵犯者是熟人，受害者不愿对簿公堂。此外，除了所谓"常见"的虚假指控，受害者还有其他理由担心自己不被相信：性侵通常是一种没有证人的犯罪，甚至也难以找到足够的证据。最终，只有双方的证词相互抗衡。

因此，在性暴力案件中，施暴者未被定罪，甚至未被指控的情况要远远多于被诬告。

你当时穿了什么？

每当谈及性暴力，"谁该为此负责"总会成为话题的中心。人们常常认为，受害者也应当为自己受到的侵犯承担责任，这便是**"受害者有罪论"**（Victim Blaming）。人们会问："你为什么要跟他回家？""你为什么这么晚还一个人在街上？""为什么不搭出租车？"还有另一种典型发言："穿成那样，不出事才怪！"

这样的论调暗示受害者本该保护好自己，是受害者自己的行为招致了侵犯。于是，责任被转嫁给受害者，而该由施暴者承担的真正罪责却被忽略了。施暴者与受害者的责任颠倒，与人们对性暴力的误解密不可分。许多人以为性侵会发生在夜晚的公园里，陌生男子隐藏起来，等待穿超短裙的年轻女孩出现。类似案例的确存在，但只是少数。首先，没有任何证据表明受害者的衣着与被性侵之间存在任何关联；其次，在多数性侵案中，施暴者常与受害者身处同一社交圈：他可能是朋友、同事、亲戚，或熟人——最常见的其实是受害者的伴侣或前任伴侣。

来自伴侣的暴力

所以,一个女人生命中最危险的男人并非公园里的陌生人,而是她的伴侣。当然这种说法并不适用于每一位男友或丈夫。不过,统计数据表明,伴侣其实是最常强迫女性进行性行为的人,也是最经常打她、推她、踢她、扔东西砸她的人。在德国,最常对女性实施性暴力和身体暴力的人正是伴侣或前任伴侣。

据世界卫生组织估计,大多数针对女性的暴力行为都发生在伴侣关系中。在世界范围内,几乎每3位有过恋爱关系的女性中就有1位表示,她曾经历过来自伴侣的身体暴力和/或性暴力。

这种威胁有时会对女性造成致命后果。媒体上常常出现有关"情感关系"或"家庭伦理"的报道,这通常意味着某位男人杀害了他的伴侣。据统计,在德国,平均每天都会有1个男人试图杀害自己的伴侣,而每3天就会有人成功。2016年,德国共有149名女性被自己的伴侣或前任伴侣杀害。

所有这一切都表明，要保护女性免受暴力侵害，首要问题不应该是她们可以做什么来保护自己（更确切地说，不应该是她们不要做什么），而是必须聚焦于施暴者的行为：男人们必须停止骚扰女性，停止性侵女性，停止杀害女性。

工作:关于薪酬和配额制
Work: On Pay and Quotas

9

女性常常承担更多的工作,得到的报酬却更少。

——卡特琳娜·巴尔利(Katarina Barley,生于1968年,德国社会民主党政治家,曾在默克尔内阁中担任德国联邦劳动及社会事务部部长)

踏出校门，然后呢？毕业之后，男孩女孩们往往会走上完全不同的人生道路。当然，有些选择是大家都心仪的，例如商科实习或者进修商科学位。但除此之外，职业选择会呈现特定的性别模式。2017年，女性最常选择的职业教育方向是办公室文员、医疗/牙医助理和美发师；而男性最倾向于选择汽车机电工人、电子工程人员或信息技术人员。

两性之间的职业差异已经顽固地持续了几十年。因此，在德国的劳动力市场中，男性和女性往往各自占据了不同的职业领域：护理、教育、清洁和简单的办公室工作往往由女性承担，技术类和制造类工作则常常属于男性。

类似差异在大学中也有明显体现：女性最常进入的专业包括日耳曼语言学、教育学和心理学，而男性则经常报考机械工程、计算机科学和电气工程等专业。因此，女性在语言和文化研究、社会科学、卫生及社会服务领域占主导地位，男性则在数学、计算机科学、自然科学和技术领域占据优势。

编程？女性的事业！

男人与机器打交道，女人负责照顾他人——在做专业或职业选择时，性别角色似乎根深蒂固。然而，当一项职业的社会地位发生变化时，一切也会随之变化。在20世纪60年代，编程被认为是典型的女性职业。当时，这项工作被认为是低收入办公室文员的任务，因此大多由女性承担。现如今，它已经成了男性的领域。

那时候看来，这份工作是女性的理想选择："编程就像准备晚餐。"计算机科学家格蕾斯·霍珀（Grace Hopper）在1967年的女性杂志《COSMOPOLITAN》（美国版）中解释道："你必须提前筹谋、合理规划，保证一切在你需要时已经准备就绪，只有兼具耐心和细心才能做到这一点。女性简直是为编程而生的。"从今天的角度看来，霍珀的声明带有无意识的性别歧视。然而，这也正说明所谓"男性职业"和"女性职业"的划分是多么随意啊。

随着计算机变得日益重要，越来越多的男性涌入了 IT 行业。编程成了一份体面且高薪的工作，曾经从事编程工作的女性被遗忘了。2017 年，一位谷歌开发人员（已被解雇）写了一份长达数页的宣言，对谷歌提高女性雇员地位的做法表示不满，他声称"由于生理原因"，女性在科技方面缺乏天赋。

编程的历史不仅展现了一项"女性工作"如何变成了所谓的"男性工作"，它也表明在我们的社会中，女性的工作报酬往往比男性低。随着编程这一行业不断变得男性化，其社会地位和薪酬也持续提高。其他行业中也存在性别与薪酬的关联，例如设计领域。与编程相反，女性设计师增多了，而设计行业的平均薪酬下降了 34%。这样的发展趋势十分典型。还有一个例子是，当越来越多的女性进入生物领域后，生物学家的薪酬降低了 18%。

同工同酬?

女性工作一小时和男性工作一小时不应该获得同样的报酬吗?实际上,如果将男女之间的薪酬差距换算成时间,我们会得出这样的结论:2019年,德国的女性在3月18日之前所做的工作几乎都没有报酬!也就是说,如果男性的工作从1月1日起就能够获得报酬,那么女性要到3月18日之后才开始获得报酬。"同工同酬日"(Equal Pay Day)正是用这种象征性的日期来提醒我们男女之间的薪酬差距究竟有多大:在德国,女性的平均时薪为16.59欧元,男性的平均时薪为21欧元,二者相差21%,这相当于女性在一年中免费工作了77天。欧盟国家中只有爱沙尼亚和捷克的**性别薪酬差距**(Gender Pay Gap)大于德国。

为什么女性挣到的钱远远少于男性?有时,女性会受到明显的歧视。例如,在鞋靴制造商勃肯(Birkenstock)的子公司中,女员工的薪资整体低于男员工。直到2013年,女员工的时薪都比男员

克拉拉·蔡特金

每年3月8日我们都会庆祝国际妇女节,这一节日是来自克拉拉·蔡特金(Clara Zetkin, 1857—1933年)的倡议。这位社会主义者和激进女性主义者是无产阶级妇女运动的代表,她坚信只有将男女劳动者都从资本主义的剥削中解放出来,我们才能实现平等。蔡特金最初活跃于德国社会民主党(SPD),从1919年成为德国共产党(KPD)的成员。1932年,作为德国议会的名誉议长,她提醒人们警惕纳粹,并呼吁"所有劳动人民建立统一战线,击退法西斯主义"。不久后,她在流亡俄罗斯期间去世。二战结束后,蔡特金在西德几乎被遗忘了,但她在东德备受尊敬,其肖像被印在了10马克纸币上。

工低整整1欧元。不过,造成性别薪酬差距的因素不仅是性别。

首先,在计算平均时薪时,不同的职业和级别都被混为一谈。与男性相比,女性更多受雇于薪酬较低的部门。管理岗位上的女员工更少,她们更常从事兼职或低收入工作[1]。这些都会降低女性的平均时薪——虽然并没有公司直接规定女性员工的工资要更低。通过统计学的计算可以排除这些因素的影响,从而得到**调整后的性别薪酬差距**(Bereinigte Gender Pay Gap):即使是在同一行业、同一职位、工作时长相等的男性和女性之间,仍然存在6%的平均薪资差距。

人们常常将这一薪资差距归咎于女性自己:她们应当在薪资谈判时更加自信——像男人一样自信。但事实远非如此简单:澳大利亚的一项研究证

---

[1] 原文为"Mini-Job",直译为"迷你工作",又称"450欧元工作"。在德国,月收入450欧元及以下的工作免征所得税,因此"迷你工作"用来泛指低薪资的兼职工作。

明，要求提高薪资的女性比男性更容易遭到拒绝。此外也有实验表明，管理者不太愿意雇佣那些在面试时要求提高薪资的女性。这些对女员工的质疑都源于同样的事实：如此表现的女性总被认为咄咄逼人，并且苛刻。

即使女性薪酬较低这一事实在很大程度上并不能直接归因于性别歧视，我们也不应该忽视：未经调整的性别薪酬差距高达21%。这才是真正的事实。这不仅意味着女性每个月的可支配收入更少，也意味着她们在老年阶段更容易陷入贫困。毕竟，低收入者在晚年领到的养老金也十分微薄，从事兼职工作让这件事雪上加霜：在2015年，德国女性领取的养老金比男性低53%。

此外，对性别薪酬差距的分析也带来了新的问题：与人相处的工作报酬低于操作机器的工作报酬，这公平吗？照料老年人的护工时薪只有15.64欧元，而工厂生产经理却能挣到23.33欧元，这合理吗？为什么女性更常从事兼职工作？她们又为什么更少成为老板？

女性也在轻视女性

在德国,尽管女性劳动者几乎占了劳动力数量的一半,但担任管理岗位的女性却不足 1/3。2017 年,只有 29% 的管理人员是女性。有句话说,女人依靠业绩晋升,男人依靠潜力晋升。这意味着女性必须事先证明自己能胜任某项任务,而男性则享受着能预支信任的红利。事实上在职场中,女性的确更容易遭受质疑——不仅不被男性信任,也不容易获得女性的信任。关于**无意识偏见**(Unconscious Bias)的研究已经证明了这点,无意识偏见是指人们对某些社会群体持有无意识的刻板印象和偏见。

男性和女性都以某种方式内化了性别刻板印象,而这在不知不觉影响他/她们的判断。在美国的一项实验中,127 名科学家被要求评估一个实验室管理岗位的匿名申请,他们需要评价申请者的能力,并说明录用某人的原因及愿意提供的薪资。这些申请者有些被标记为男学生,有些被标记为女学生。最后,男申请者在所有方面都获得了更加积极

玻璃天花板和玻璃电梯

女性的职业生涯常常止步于中层管理岗位。岗位级别越高,男性员工占比就越接近100%。女性无法一路攀升至职业顶峰,但其中的原因并不明晰。人们用"**玻璃天花板**"形容这些看不见的障碍。相反,在护理等以女性为主的行业,男性几乎自然而然就能成就一番事业,仿佛搭乘着"**玻璃电梯**"一路上升。

的评价。为了消除无意识偏见，近30年来美国的管弦乐队在面试时会让申请者在幕布或屏幕后演奏，于是女性通过预选的概率上升了50%，在淘汰轮晋级的概率甚至上升了300%，美国管弦乐团中的女性成员的比例已经从5%攀升至约40%。

关于配额制

然而,匿名并不是每次都能有效消除对女性的无意识歧视。例如,公司内部出现了一个空缺的管理岗位,施密特女士和迈尔先生提出了申请。这种情况下,两人的上司其实已经知道两人各自的性别了。此时,一个有效的方法是"**性别配额制**"(Gender Quota),也常常被称作"女性配额制"。比如它可以规定,公司内担任管理岗位的男性和女性都不得低于40%。配额制并不意味着施密特女士能够自然而然地比迈尔先生享有更多的优先权,但能保证施密特女士和她的女同事们不会在每一个管理岗位的招聘中都处于不利地位。

在德国,法定配额制从2016年起生效。然而在实践中,它的适用范围很狭窄,只对上市公司监事会和完全共同责任制公司等少数企业有效。这意味着在德国,只有100多家公司的监事会要求女性比例不得低于30%。其他公司中的各种管理岗位不受配额制的限制,女性不会从配额制中受益,晋升至部门主管或高层管理人员。此外,数千家中型公司仅仅被要求自行设定一个目标配额并对外公布,他们完全可以把这个目标设置为 10%,即只有 10% 的管理岗位由女性担任。即使这些公司没有达到目标,也不会面临任何惩罚。

一点家务

导致性别薪酬差距和女性老年贫困的原因之一是,在德国,从事兼职工作的女性人数众多。2017 年,46% 拥有固定工作的女性被缩减了工作时间。而男性从事兼职工作的比例只有 11%。但这并不意味着女性的工作总量比男性少——事实是她们获得的工作报酬更少。因为在下班后,女性还必须要做没有报酬的第二份工作:她们打扫卫生,做饭,整理房间,照看孩子或其他家庭成员。这"一点家务"可不会自动完成。

当然,不是所有男人在家都轻松躺平。但总体而言,女性承担的照护工作要远远多于男性:女性平均每天花在无偿照护工作和家务上的时间长达 4 小时 13 分钟;而男性只有 2 小时 46 分钟。这造成了大约 1.5 小时的日均工作时长差异,无偿照护工作的**性别照护差距**(Gender Care Gap)也增加了 52.4%。对于有孩子的夫妇来说,这种差异更大。由于操持家务和照顾他人的工作主要由女性承担,她们能够从事有偿工作的时间就更少:在一个并不为照护工作支付报酬的社会中,这无疑是种糟糕的交易,也不利于她们养老金的增加。

然而,性别照护差距并不仅仅存在于成年夫妇之间,它甚至已经出现在儿童和青少年群体中:在

18岁以上成年人每周无偿工作时间分配

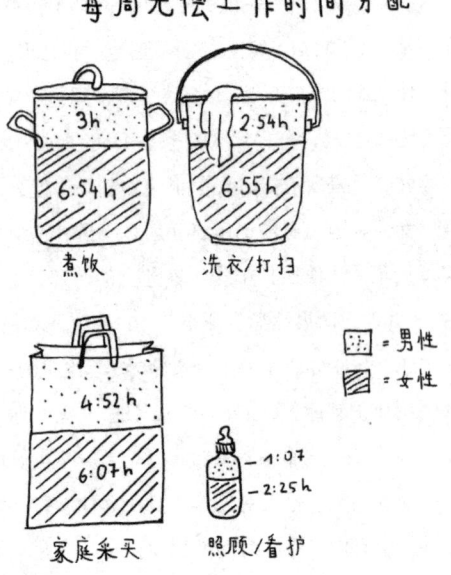

煮饭:3h / 6:54h

洗衣/打扫:2.54h / 6:55h

家庭采买:4:52h / 6:07h

照顾/看护:1:07 / 2:25h

▢ = 男性
▨ = 女性

德国，10至17岁的女孩每天协助家务的平均时长为73分钟，而同龄男孩只有48分钟。在成年人的示范下，儿童和青少年也表现出了相同的行为模式。

个人的即政治的：是否成为母亲？
The Personal is Political : To be a Mother or Not?

10

当一个男人事业有成时,不会有人问他:你如何照料孩子呢?
——森塔·伯格
(Senta Berger,生于1941年,奥地利女演员)

"我们曾堕过胎!" 1971年,374名女性在德国知名杂志《亮点》(Stern)上承认,自己曾经进行过人工流产。在那时,堕胎是违法的——她们打破了禁忌。这些举动不仅让她们冒着遭受社会排斥的风险,也有可能被刑事诉讼。不过,最终并没有任何一位女性被定罪。恰恰相反,正是由于她们的勇气,联邦德国(西德)在1974年修改了相关法律:在某些条件下,非自愿怀孕的女性可以堕胎,不必担心受到处罚。

从那时起,德国的相关法律经历了多次改革。幸运的是,不想成为母亲的女性已不必再前往其他国家或寻找"天使制造者"[1],冒着生命危险秘密流产。然而,即使在今天,堕胎在德国仍然违法,女性没有人工流产的权利。德国《刑法》第218条仍然以这句话开头:"凡终止妊娠者,应处以三年以下监禁或罚款。"

---

[1] 德国俗语,指为别人非法流产的女性。

维多利亚·伍德哈尔

维多利亚·伍德哈尔（Victoria Woodhull，1838—1927年）的生平经历听起来像是编的：她出生在一个贫穷的家庭，很早就成了一名占卜师，之后又做过疗愈师；后来，她和妹妹在纽约一起成了首批女性股票经纪人。姐妹二人创办了一份周报，并为这份报纸撰写了有关平等、堕胎、卖淫、双重标准、自由恋爱等话题的文章。维多利亚·伍德哈尔还是第一位竞选美国总统的女性——尽管在1872年，女性连投票权都没有。那只是一个象征性的候选人资格，很明显，她并无胜算。政敌们称她为"撒旦夫人"（Mrs. Satan），一些妇女权利活动家也对她有意见，因为伍德哈尔的风流韵事和她对女性主义的理解常常令人不满。伍德哈尔希望女性能够从消极中振作起来，而不要仅仅抱怨自己被男性剥夺了权利。

人工流产：不受惩罚，但不合法

如今，堕胎禁令仍然存在，只有在例外情况下，人工流产才不受惩罚：第一，母亲的健康因怀孕而受到严重威胁，或孩子有残疾；第二，母亲因强奸而怀孕；第三，流产手术在妊娠12周内进行，且母亲已经接受过以鼓励继续妊娠为目的的专业咨询。

"我的肚子属于我自己"（Mein Bauch gehört mir）——在德国，这一古老的女性主义口号目前也只有在特定条件下才能实现。许多国家实行的堕胎禁令更加严格。然而，无论这些禁令多么严苛，都无法迫使女性生下自己不想要的孩子，还会威胁到她们的生命安全：据世界卫生组织估计，每年约有47000名女性死于非法堕胎。

在德国，意外怀孕的女性正陷入更加棘手的境况。好斗的反堕胎人士携带白色十字架在市中心游行,抗议他们口中的"婴儿大屠杀"[1]。这些自称"生命保护者"的人将塑料胎儿模型放置在医疗机构和咨询中心门前,向来访人员和医护工作者施加压力。其结果是,愿意进行人工流产的医疗机构和诊所越来越少。根据德国官方的统计数据,目前在德国只剩下 1200 家机构能进行流产手术。在部分地区,女性为了流产,不得不长途跋涉 200 千米。

此外,女性也很难联系上可以进行流产手术的机构。因为医生们不能在网站上发布可以做流产手术的信息,这是违法的。2017 年,一位名叫克里斯蒂娜·哈内尔的女医生就为此被判处了 6000 欧元罚款。

直到几年前,想获得紧急避孕药的德国女性还会遇到许多不必要的麻烦。2015 年起,她们才可以无须处方购买紧急避孕药。这对保护女性生育权来说是重大进步,因为如果她们进行了无保护措施的性行为,越早服用避孕药就越有效。

---

[1] 原文为"Babycaust",这个词由"baby"(婴儿)和"Holocaust"(大屠杀)合成。

德国基督教民主联盟（CDU）政治家、担任德国卫生部部长（2018—2021年）的延斯·斯帕恩（Jens Spahn）曾公开反对取消紧急避孕药的处方要求：他认为紧急避孕药"不是明智之选"，作为一种有副作用的药物，它不该被毫不犹豫地吞下。这种逻辑实在有趣，他也许没有想过，比起紧急避孕药可能带来的副作用，那些需要避孕的女性显然有更值得担心的事情。

但最重要的是，斯帕恩的观点说明，他并不相信女性能够对自己的身体负责。

生育——进退两难

当一个女人决定不生孩子时,许多不相干的人总会出来干涉;当一个女人想要成为母亲时,他/她们也会指手画脚。女性应当在什么时候怀孕?在什么情况下怀孕?怀上谁的孩子?与堕胎一样,关于这些问题的社会规则同样严苛,尽管它们只是不成文的要求。社会要求的理想情况是:女性最好能够在 25 岁至 35 岁之间,生育 2 个或 3 个孩子——不过,在此之前她应当完成自己的学业;这些孩子的父亲应当是同一个人,父亲和母亲之间应当保持长期且稳定的关系,最好是婚姻关系。

任何偏离这种完美异性恋核心家庭图景的行为都会招致批评:母亲与父亲认识不久,没有建立稳定关系?母亲还在上学?这样多么不负责任!孕妇已经 40 岁了?她有没有认真考虑过健康风险?高龄妈妈总是这么不让人放心!孕育孩子的精子来自捐献,而孩子将由两位母亲抚养长大?父亲的角色竟然缺席了!人们对于合适的孩子数量也有明确的意见：她怀了第四胎？太多了吧！她就打算生一个？让孩子独自孤单长大，太无情了吧！

当一个女人宣称自己不想要孩子时，有些人同样会变得咄咄逼人。或许她的意愿不会被严肃对待，并且被屡屡告知自己必定还会受到生物钟的召唤；又或者她这个不生育的计划会被指责为自私——仿佛别人决定生孩子是为了老有所养，而不是因为他/她们乐意成为父母。

母性神话

在德国,母亲的角色被过分夸大了:母亲应当沉浸在对孩子的爱中,参加幼儿园的手工日午后活动,抓住每一个烤蛋糕的机会——但不可使用添加剂。可是,一天 24 小时都待在孩子身边显然不符合职场妈妈的情况。而如果"仅仅只做"一位家庭主妇,既不符合这些母亲对自己的期望,也不符合周围环境对她们的想象。甚至这么多要求都还不够,现在她们还被要求保持性感迷人,即所谓的"MILF"——"让我欲火焚身的辣妈"(Mother I'd like to fuck)。生完孩子后,妈妈们必须让自己的产后身材尽快恢复原样。

于是,妈妈们永远都无法做对任何一件事:如果她们过分关注自己的孩子,就会收到"母鸡"或"直升机妈妈"[1]之类的谩骂;如果她们过分专注于

---

1 形容母亲如同直升机一直盘旋在孩子身边,指过分保护儿女或过分介入儿女生活的母亲。

自己的事业，就会被认为是坏妈妈；如果她们胆敢在咖啡馆放松一下，则会被蔑称为"拿铁玛奇朵妈妈"。诸如此类对母亲们的敌意在社会中广泛存在，但有趣的是，几乎没有任何用来形容父亲的类似称呼——这恰恰证明，"女性应当对孩子负责"这一印象有多么根深蒂固。

平衡家庭与事业

不论男女,大多数人都希望生育后代。2012年,德国女性杂志《布里吉特》(*Brigitte*)发起了一项调查,询问了出生于1978至1992年间的年轻人各自的生活规划。85%的女性表示,拥有自己的家庭和孩子对她们来说十分重要。82%的男性给出了相同答案,比例与女性接近。不过,超过一半的女性也同意"如果你有孩子,你就不可能拥有真正的事业",男性则不大需要面对这个问题。这也难怪,毕竟平衡家庭与事业对女性来说永远更加困难。常见的情形是,在孩子出生后,许多夫妇又陷入了传统的性别角色:男方继续发展自己的事业,女方则缩减工作时间、照顾孩子。

这种差别在孩子出生不久就开始显现:几乎所有母亲都会休育儿假,但只有大约1/3的父亲会因此请假,这意味着2/3的父亲将照顾婴儿的责任全部丢给母亲。此外,父亲们的育儿假期也短得多:在最近的统计中,父亲们领取育儿津贴的平均时长为 3.5 个月,而母亲们的育儿假平均时长为 13.3 个月。许多父亲甚至在母亲休假照料婴儿时申请两个月育儿假,于是他并不用真正照料婴儿,却可以领取两个月的育儿津贴:这种典型的额外福利使这两个月常被讽刺地称为"父亲月"。

在育儿假结束之后,许多夫妇也继续维持了这种角色分工——毕竟,如果父母双方都全职工作的话就很难照料孩子,可能你还要留在公司开最后一场会议,但幼儿园已经要关门了。为了平衡家庭与事业,父母往往要缩减工作时间,但双方缩减的程度并不相同。母亲从事兼职工作的概率是无子女女性的两倍;对父亲来说,情况刚好相反,他们的工作时间甚至更多:与没有孩子的男性相比,父亲从事兼职工作的概率更低。

通常,这种情况并非预先计划好的。许多夫妇在孩子出生前本来坚定承诺将平均分担育儿工作,但最终仍然陷入这样的角色分工:男性养家糊口,女性通过一点额外收入来补贴家用。既然这并非大多数人想要的生活方式,为什么众多父母依然陷入了这种刻板的分工模式呢？并非性别角色决定了由女性承担所有家务，而是如果女性操持家务、男性外出挣钱，往往能获得切实的经济利益。

由于男性的薪酬通常高于女性，那么由男性全职工作、女性兼职工作显然在经济上更有利。然而，这不仅应当归咎于性别薪酬差距（参见第9章），事实上，政府也在积极鼓励夫妻双方不平等地承担家庭照护工作。在德国，如果已婚夫妇中一方的收入明显高于另一方，二人便可以少缴大量税款。这种所谓的**夫妇共同报税优惠**意味着，即使女方只从事兼职工作，也不太影响夫妇二人的总体经济状况。许多女性会因此权衡她们是否真的应该为了多挣几百欧元，而让自己承受家庭和事业的双重压力——有时，她们甚至会选择完全放弃事业。

然而，做出这种选择的女性都付出了高昂代价：选择留在家中的人不得不在经济上依赖自己的伴侣。一旦夫妇二人离婚，女方想要在中断职业生涯多年后重返职场往往非常困难。在工作面试中，雇主还经常询问女性面试者如何安排育儿事宜，而男性则很少被问到这个问题。

也有一些女性选择在生育后继续兼职,她们同样能体会到作为母亲,自己在事业上很难有突破。因为回报丰厚的工作任务和晋升机会都会落到全职员工身上,毕竟他/她们不必在加班时频频注意时间,这是承担育儿职责的人无法做到的。此外,母亲们也常常陷入**兼职工作的陷阱**:为了陪伴家人而减少工作时间后,她们也希望在某个时刻重回全职岗位,但上司的意愿常常令努力成为一场徒劳。从2019年起,德国的兼职员工才开始享有回归全职工作的权利。然而,这条新推出的规定实则漏洞百出,有超过2/3的母亲完全不适用于相关规定。

单亲父母的处境往往更加艰难——在单亲育儿的案例中,90%都是由母亲独自养育孩子。对她们而言,问题不仅是如何平衡工作与家庭,更是如何应对工作与家庭的双重困境。单身母亲的经济状况往往格外拮据:身为女性收入更低,也无法享受夫妇共同报税优惠方案。单身母亲实质上的唯一依靠就是工作,但在2017年,27%的单身母亲都处于无业状态，其中大部分都是非自愿失业。

因此，成为母亲的要求往往十分严苛。女性面对的不仅是自己想要生育的愿望，还有将生育视作女性毕生梦想的社会规训。如果我们的社会认为，女性生育和照料孩子正是在实现她的梦想，那女性就会更倾向于默默忍受不公平的劳动分工和短缺的育儿服务。

徒有其表的女性主义
Feminism in Vain

11

原则上，不是每个人都必须喜欢女性主义。否则，它就可能退化成一个被保守主义或激进主义占据的空壳。

——卡特琳·戈特沙尔克
[Katrin Gottschalk，生于1985年，《日报》(*taz*)副主编，女性主义杂志《小姐》(*Missy*)前主编]

女性主义者该如何化妆?化妆品公司欧莱雅和歌手莱娜·迈尔-兰德鲁特(Lena Meyer-Landrut)建议人们用这样的妆容推翻父权制:深绿色眼影、中分发型、刷过的眉毛。2018年6月,欧莱雅发布了一个视频教程,莱娜在视频中展示了所谓的"女性主义宣言式妆容"(Statement Look Feminist),化妆师用名为"女性主义"(feminist)的眼影盘为她上妆。莱娜兴奋地表示:"这盘眼影的颜色个性强烈,但整体看来十分和谐。"

究竟什么样的产品或风格才算是女性主义的,至今仍然是个谜——这个妆容教程遭到了许多批评,欧莱雅随后删除了视频。不过,眼影盘被命名为"女性主义"的原因倒是显而易见:如今越来越多的公司意识到,"女性主义"这个标签会带来更多商业利益。他们认为许多女性已经产生了女性主义意识,遂调整自己的市场策略,以与这一时代精神相适应。

第 11 章 徒有其表的女性主义

将平权作为营销策略

时尚公司尤其喜欢以女性主义标榜自己。在 H&M、Monki 等快时尚连锁店中,常常可以买到印有女性主义口号的 T 恤、帽子、内衣裤等。如果你愿意掏 550 欧元来买一件上衣,还可以去迪奥买一件印有 "We Should All Be Feminists"(我们都应该是女性主义者)口号的白色 T 恤。瑞典品牌 Ace 早在 2015 年就推出了印有 "Gender Equality"(性别平等)或 "Radical Feminist"(激进女性主义者)的男士套头衫。

女性主义营销策略的另一种形式是投放彰显女性力量的广告,以"女性力量"(Girl Power)这一要素来吸引具有女性主义倾向的目标群体,这种方式被称为"女性主义营销"(Femvertising),即女性主义(feminism)和做广告(advertising)的结合。例如,在奥迪汽车的广告短片中,小女孩在纸盒车比赛中超过了男孩们,于是女孩的父亲考虑到,女儿日后取得的成就能否跟男人一样获得同样的重视?如果女儿将来进入奥迪工作,那答案就是肯定的——这正是广告希望传递的信息:奥迪公司承诺奉行男女同工同酬的原则。

大多数购买决定都由女性做出,不仅在药店和超市里如此,事实上,更经常挑选新车或最新款电脑的也是女性。因此对企业而言,以女性为对象的广告具有重要的经济意义。更有利的是,这类"女性主义广告短片"常常在社交网络上被广泛分享,吸引了很多潜在客户,广告告诉她们在下次购买身体乳或护垫时,应该选择哪些观念现代、对女性友好的企业。

从女性主义视角看来，女性在广告中不再只以性感尤物或做家务的"田螺姑娘"之类的形象出现（参考本书第4章），这应当是我们喜闻乐见的事；何况究其根本，印着女性主义口号的服饰并没有错。但问题在于，许多标榜女性主义的企业，在公司内部并没有践行性别平等。例如在欧莱雅和奥迪，公司高层仍以男性为主：欧莱雅的董事会成员中只有1/3是女性，而奥迪的董事会则全是男性。

在H&M之类的快时尚连锁公司中，女性员工的待遇尤为糟糕：被雇佣的缝纫女工大多来自发展中国家，她们的时薪常常少得可怜。此外，根据劳工及人权组织的报告，受雇于H&M供货工厂的制衣女工们每天都面临着性暴力的威胁，怀孕的女工通常会被解雇。2013年，位于孟加拉国拉纳广场的H&M工厂大楼倒塌，造成超过1100人死亡。此后，尽管H&M承诺提高工厂的安全标准，但在事发两年半之后，孟加拉国的大多数供货工厂仍然连紧急逃生出口都没有。缝制带有女性主义口号的T恤，竟然是一项需要冒着生命危险的工作。

谁能从职场女性主义中获益?

制衣女工的遭遇表明,如果仅将女性主义用作一种营销策略,它会沦为一句空话:最终,"女性主义"标签将只为资本主义的利益服务,而不计其数的女性却继续在恶劣的工作条件下挣扎谋生。所谓的**"职场女性主义"**(Career Feminism)也带来了类似影响,这种女性主义鼓励女性屈从于资本主义男权世界的规则,而不是质疑规则本身。

职场女性主义的代表人物是脸谱的首席执行官谢丽尔·桑德伯格(Sheryl Sandberg)。2013 年,她出版了《向前一步:女性、工作及领导意志》(*Lean In: Women, Work, and the Will to Lead*)一书。她的目标是鼓励女性成就一番事业,相信自己具有担任领导职务的能力。她向女性读者们建议:来吧各位女性,投入工作,加班加点,建立自己的人脉,获得伴侣的支持,然后微笑着登上职业高峰,成为首席执行官。

谢丽尔·桑德伯格式女性主义的问题之一在

于，对于许多女性而言，无论多么努力，成为首席执行官的机会都不会对她们开放。单身母亲没有能为她们提供支持的伴侣，美发师、保育员和售货员必须努力工作才能以微薄的时薪维持生计，无论怎么努力也不足以让她们攀上大公司高层的门槛。文化理论家安吉拉·麦克罗比（Angela McRobbie）直言批评道："职场女性主义的说辞只在意胜者，毫不在意输家。"因此，职场女性主义只关注小部分精英女性面对的困难，她们大多是来自中产阶级和上层社会的白人高知女性。

这种狭隘的观点也部分反映在了媒体的女性主义辩论中，其主题常常是相对富裕的女性受到的歧视。当然，在好莱坞，女演员的收入往往比男演员少得多，这并不公平——不过，她们仍然能赚到数百万美元。上市公司监事会实行配额制确实有利于女性突破玻璃天花板，但这也只适用于极少数已经在职业道路上有所成就的女性。任何认真对待女性主义的人都不应当只关注高收入女性所面临的问题。

伪装成女性主义的歧视

女性的日常生活中充斥着基于性别的暴力（参见本书第 8 章），诸如"#Aufschrei""#MeToo"之类的话题标签已经在社会中引起了关于性暴力的广泛讨论。但极端右翼势力却试图掠夺这类讨论的成果，从而利用它们达到自己的目的。例如在德国宪法保护局监督下进行的"认同运动"（Identitarian movement / Identitarianism，也译作"同族认同主义运动"），其参加者们发起的"120 分贝"[1] 运动宣称，针对女性的性侵犯是"进口暴力"，根据他们的说辞，只要没有移民，这类暴力就不会存在。

2018 年初，"120 分贝"运动者在 YouTube 上发布了一段视频，伴随着忧伤的钢琴曲，一位年轻女性谈起了虐待、强奸和谋杀："我在坎德尔被刺

---

[1] 这一运动名称来源于袖珍报警器发出的声音大小，支持者认为如果没有这种报警器，女性会由于害怕遭到袭击而不敢走出家门。

第 11 章 徒有其表的女性主义　　211

伤,我在马尔默被强奸,我在罗瑟勒姆被虐待,我在斯德哥尔摩被汽车碾轧。"她所指出的种种针对女性的暴力行为有着共同的特征:被指控的施暴者都是逃亡或移民到欧洲的男人。于是,这位讲述人得出结论,如今的欧洲女性不得不一直生活在被难民袭击的恐惧中:"我们无法获得安全,因为你们拒绝保护我们,因为你们拒绝捍卫我们的国界,因为你们拒绝控制入境人员,因为你们拒绝驱逐罪犯。"视频中的女性还担心很快就不得不面对"大量来自陈腐、厌女社会的年轻男人"。

像"120分贝"运动这样利用女性权益来煽动社会排斥难民,使社会逐渐接受种族主义,并不是什么新鲜或反常的现象。极右翼政党德国选择党(Alternative für Deutschland,简称 AfD)也使用这种手段激起人们反对移民、反对接纳难民的情绪。在他们的网站上永远都写着"我们的女性正在恐惧"之类的话语,通过意味深长的所有格代词("我们的"),你会发现:在这里,男人谈论女人,并且显然认为女人是他们的所有物。

这种表述方式也说明，这些男人显然对"别的"女人（不属于"他们的"女人）的恐惧漠不关心。

大多数女性主义者，无论男女，都选择与这种运动明确划清界限。女性主义者不仅反对性别歧视，同样反对种族主义。而在德国右翼所谓的"**女性民族主义**"（Femonationalism）看来，针对女性的暴力似乎并不是整个社会的问题。像"120分贝"之类的运动认为，所有针对女性的暴力都来自移民，仿佛这个世界上并不存在持德国护照的白人强奸犯。

反击策略：交叉性女性主义

作为 T 恤和汽车营销策略的女性主义，只关注高收入女性困境的女性主义，被种族歧视利用的女性主义……所有这些例子都表明，即使被贴上了"女性主义"的标签，我们也应当批判性地质疑在"平等"或"解放"的旗号下，被贩卖的究竟是什么。

如果你想更仔细地观察一切，坚持用**交叉性视角**来思考女性主义会大有裨益。**交叉性**（intersectionality）这个有点复杂的概念表示，在同一个人身上可能重合着不同形式的歧视。以交叉性视角思考女性主义首先意味着，你能够意识到引起歧视的因素多种多样，不仅仅是因为性别、肤色、年龄、出身、国籍、性取向或宗教信仰都会成为被歧视的原因。其次还要意识到，人们会同时处于多种歧视下，不同因素的组合会使人们被歧视的经历各不相同。

具体而言，这意味着尽管同为女性，但美国的白人女学者、孟加拉国的制衣女工和叙利亚的女性难民所面对的问题往往大相径庭。而女性主义的希冀是,为她们所有人都争取到自由、平等的生活。

第 11 章 徒有其表的女性主义

12

女性主义 —— 与男性有关吗?
Feminism – Is It about Men?

没有社会独立和两性平等,就没有人类的解放。

——奥古斯特·贝贝尔(August Bebel,1840—1913年,社会主义政治家,妇女权利活动家,德国社会民主党创始人之一)

2014年9月，演员艾玛·沃特森（Emma Watson）在联合国发表演讲，敦促男性也参与女性主义。"我们希望消除性别不平等，"她说，"实现这一目标需要每一个人的参与。"艾玛·沃特森的演讲拉开了"He For She"（他为她）运动的序幕，这一倡议的目的是鼓励男性也一起争取性别平等。次年，沃特森在一次采访中说，在这次演讲前，她被建议不要使用"女性主义"这一概念，因为它会带来"疏远"和"分裂"。不过，她选择忽略这个建议：在演讲中，"女性主义者"和"女性主义"共出现了6次。

如果男性只在令人讨厌的"F词"[1]不出现时才对女性主义感兴趣，那他可能并不会认可这一思潮。不过，男孩们、男人们都为性别平权而努力，的确是值得期待的理想图景。无论性别，所有人都应当享有平等的权利、机会和自由，这件事与我们每个

---

1 英文中脏话"Fuck"和女性主义"Feminism"同为字母F开头，此处双关。

人都息息相关。女性主义并不意味着女性与男性对抗。成为一位女性主义者意味着，去支持和争取一个没有性别歧视和性别角色限制的社会。

这也正是长久以来，女性主义运动中都不乏男性支持者的原因。1848年夏天，美国首次有关妇女权益的会议在塞内卡福尔斯（Seneca Falls）举行，会议最终通过了一份宣言，否定了男性对女性的所有支配。68位女性、32位男性，总共100人签署了这份《感伤宣言》（"Declaration of Sentiments"）。

女性主义不仅承诺解放女性，也致力于平等地解放所有性别的人类。对于男性而言，这意味着社会中一切被划归为"女性化"的事物将不再是禁忌。在女性主义开拓的世界中，想成为幼教或妇科护士的男性不会再受到轻视，甚至他们不想工作、想回归家庭也没关系。在这个世界中，他们可以涂指甲，可以无拘无束地表达感情。男性不是只有在看足球赛时才能情感外露，当他们有恋爱烦恼、考试不及格时，都不必压抑自己。

究其根本，在如今的社会中，一切与"女性气质"有关的事物都被贬低，于是男性必须不断证明自己的"男子气概"。一旦他们打破了性别角色规范，去做了"女孩子的事情"，他们就会主动开始自我贬低。

这就是为什么如今的性别角色规范对女孩更宽松一些：在我们的社会中，小女孩穿裤子、玩消防车玩具都被视作正常，也就是说，女孩遵循男性规范是被允许的；但小男孩绝对不能穿着裙子去上芭蕾舞课。

如果你是一位想要为性别平等付出努力的男性，第 14 章将向你介绍许多可操作的方法和路径。不过，在接下来的内容中，还有一些额外提示。

意识到自己的特权

意识到自己的性别意味着一种优势——换句话说，作为男性，与女性相比，你**拥有特权**。

这并不意味着你的生活无忧无虑，也不意味着你一定会成功。这种特权的含义是，你不会因为自己的性别而处于结构性劣势中：在理发店，你花费的钱比同样留着短发的那个女孩更少；你不会因为与多人发生过性关系就被称作荡妇或婊子；当你处在 25 岁到 35 岁之间，老板在雇佣你时并不必担心你很快就会怀孕。

除了性别之外，还有其他可以保护一个人免受结构性劣势影响的社会特权：比如你是白人，是异性恋顺性别男性，拥有德国国籍，没有残疾，父母都接受过高等教育，成长过程中不必担忧经济问题……这些因素都会让你的人生更加轻松。你应当意识到自己的特权，并为处境更加艰难的人提供声援和支持。

倾听

基于性别，女性会有一些作为男性的你未曾有过的经历——你甚至可能没有意识到这点。因此，退后一步，听听女性的声音：不仅要倾听你的女友、姐妹、母亲，还要倾听坐在轮椅上的女同学，在女性主义游行中遇到的陌生女性。当她们谈到性别歧视时，不要急着反驳，她们并不是在对你进行人身攻击。请认真对待她们的经历，不要向她们解释说事情不是她们理解的那样。"**男性说教**"（mansplaining）这个词并非凭空而来，它形容了一种常见现象：男性倾向于向女性解释一切，即使实际上他对某个话题的了解要远远少于她。

面对其他男性

如果你目睹了其他男性做出厌女行为，请进行干预。在你的同伴发表大男子主义言论时，不要出于礼貌跟着哄笑，而要向他说明为什么这些言论不合适。如果你的好友在派对上纠缠一个对他不感兴趣的女孩，请阻止他。沉默并不能消除性别歧视，它实际上是纵容。

向男孩提出的 14 个问题

· 当有人讲侮辱女性的笑话时,你会反驳吗?
· 你会因为自己身体的某个部分没有脱毛而拒绝去公共浴室或泳池吗?
· 你会因为来自他人的期待而每天早上都打理自己的头发吗?
· 你被旁人议论过体重吗?
· 你有没有过节食或想要节食?
· 你晚上回家穿过偏僻的街道时,会感到害怕吗?
· 你安全到家后,会立刻给朋友发信息报平安吗?
· 你有没有被教育过要时刻谨慎、保护自己?
· 你抱怨不公时,是否被形容为"歇斯底里"或"太敏感"?
· 你说话时会常常被女性插话吗?
· 你曾因为长得"漂亮"或"甜美"被夸赞吗?
· 你有没有被说过,你丑到没人愿意和你发生性关系?
· 你曾假装有女朋友来摆脱对你纠缠不休的女性吗?
· 你敢在旁人面前哭吗?

反对的声音：反女性主义
Opposing Voices : Anti-feminism

13

随着女性"入侵"男性领域这一威胁日益紧迫,被威胁的男性变得愈发戒备。

——海德薇格·多姆
[Hedwig Dohm,1831—1919年,德国女性主义理论家、作家,引文摘自她的著作《反女性主义者》(*Die Antifeministen*)]

电脑游戏对女性角色的陈腐刻画惹怒了媒体评论家安妮塔·萨克伊西恩（Anita Sarkeesian）。比如典型的"英雄救美"情节，某位愚蠢的女性游戏角色永远只能被男性英雄拯救。她在自己的 YouTube 频道"女性主义频率"（Feminist Frequency）发布了 3 集系列视频，来解释自己对这类女性刻板印象的不满。她不仅关注游戏，也关注电影、电视剧和图书等，致力于探讨流行文化中的性别歧视和性别刻板印象。她发布的部分视频播放量已经高达上百万。

萨克伊西恩对电脑游戏的女性主义批评为她带来的不仅是粉丝，还有针对她本人的仇恨和威胁：她收到了强奸和死亡威胁，她的维基百科页面被贴上了色情图片，她在YouTube上发布的视频被举报，她的个人网站遭到攻击，她的私人住址也被公开。甚至，还有人特意开发了一个游戏，里面唯一的任务就是暴打萨克伊西恩。

自从2012年夏天开始，威胁、仇恨和羞辱短信在萨克伊西恩的生活中阴魂不散，反女性主义的妖魔鬼怪试图用这些方式恐吓她、迫使她闭嘴。女性主义作家劳里·佩尼（Laurie Penny）也有着与萨克伊西恩相似的经历。几年前，佩尼曾经在推特上收到了匿名威胁"我们会炸掉你的房子"，外加确切的日期和时间。受到威胁后，佩尼不得不与男友一起外出躲避了两天，并向邻居们发出了警告。

公开为女性主义发声的人们需要考虑的不仅仅只有匿名的仇恨信息。日益壮大且具有煽动性的反女性主义运动已经确立了目标，要从根本上打击女性主义运动及其已经取得的成果。在YouTube上，反女性主义者公开发布视频，"一丝不苟"地论证女性主义者所谓的"错误"；在维基百科上，他们篡改知名女性主义者的页面，使其不合法规——当这一行为失败后，他们又自己创建了百科条目。正是反女性主义者的这些行动为针对安妮塔·萨克伊西恩和劳里·佩尼的种种攻击事件埋下了种子，而且他们的人数还在增加。

反对女性权利的女性

自从女性主义诞生以来,反女性主义就一直存在。那些为女性选举权抗争的英国妇女参政论者也曾收到过威胁信息——尽管当时是写在纸上,而非通过互联网。她们被投掷过臭鸡蛋和死鱼,集会时还被投放过老鼠。反对妇女获得选举权的人群中不仅有男性,也包括一些女性:当时有数个反对女性选举权的团体,其中之一是"反妇女选举权全国联盟"(National League for Opposing Woman Suffrage),其女性领导者认为"妇女必须摧毁妇女运动"。

女性为什么会抗拒被赋予投票权呢？这听起来很怪异，但放在一个由男性主导的社会中却不难理解。因为在这样的社会中，女性往往被教导要认同男性，要认为男性的观点和权利比自己的更重要。一旦这种父权制的教育获得成功，女性就会相信自己被教导的这套世界观是正确的，并允许自己继续被压迫，正如当年在英国一样。

反"性别"

当代的反女性主义有3个核心观点：(1)只有男性和女性两种性别，其他的都只不过是"性别意识形态"（Gender Ideology）；(2)男女本质不同，在社会上扮演不同的角色，因此他们不该被女性主义"改造"；(3)性别配额制等平权政策是完全错误的，是性别歧视的表现，因为它对男性不利。

另外，如今的反女性主义还憎恨与"性别"这个流行关键词有关的一切，**性别研究**（Gender Studies）受到的排斥尤为强烈。这类研究认为，两性差异不仅仅是简单的生物学差别，也在不同程度上受到了文化的制约和影响。"**性别**"（Gender）这个术语及其研究反映了同样的趋势：有关性别的社会观念正在变得更加开放和灵活。这也是反女性主义者试图诋毁性别研究的原因，他们声称性别研究不是一门科学的学科，它纯粹是在制造意识形态问题，并且浪费税金。

如果学校的性教育不仅仅关注异性恋核心家

庭，还涉及不同的生活方式和亲密关系，也会遭到反女性主义者的攻击。他们认为，在课堂上了解同性恋伴侣或跨性别人群的情况会导致儿童"性早熟"，这种逻辑背后隐藏的其实是对性少数群体的敌意和对多元性别的抗拒。

虽然在过去几年中，女性主义逐渐发展壮大，但反女性主义思想同样变得声势浩大。这令所有关注社会平等的人们感到不安——尤其是，世界各地有权有势的男人们都吹响了相似的厌女号角：教皇将堕胎比作雇凶杀人；唐纳德·特朗普说，他可以随便抓摸女人两腿之间的部位，她们都会允许他这样做，毕竟他可是大明星。即便如此，特朗普仍当选了美国总统，可见严重厌女的言论并不会成为男人事业的阻碍。特朗普总统和教皇甚至确信，正是这类厌女言论给他们带来了大批忠心耿耿的追随者。

有关如何应对反女性主义言论的建议，请参考下一章中的"女性主义小贴士"。

现在,为女性主义身体力行
Now, Put Feminism into Practice

14

未来完全由我们每天的所作所为决定。只有当我们开始行动,才会带来(社会)变化。

——格洛丽亚·斯泰纳姆
[(Gloria Steinem,生于1934年,女性主义者、作家,女性主义杂志《女士》(Ms.)的联合创始人之一]

读完这本书后，你可能会感到愤怒。愤怒的原因在于，你意识到我们距离一个公平公正的社会还有多么遥远；在公平公正的社会中，人们不会再因性别或其他形式的歧视而受到伤害。女性常被教导不应当愤怒，但愤怒实际上是一种重要的情绪，它能够催促你去行动。那么，你能做些什么呢？以下建议或许可以让你迈出第一步。

保持自信

许多女性主义者，无论男女，在一开始很难承认自己是女性主义者，毕竟这一身份时常遭受非议。不过，即使最终没能改变人们对女性主义的偏见，我们也要敢于公开支持女性主义。或许随后也会有人敢于声援，这样我们就可以获得与其他人一同讨论女性主义的机会。

谈论女性主义

无论是面对女性主义支持者，还是面对那些声称女性主义与自己无关的人，我们总有一些可以引出讨论的话题：印着半裸女人像的电钻海报，反映男女收入差距的最新数据，或者一位跨性别女性到底该不该被视作男性。请与旁人分享你对于这些事情的想法。并不是只有对女性主义了如指掌后才能发言，何况，说一些蠢话，或者经过讨论后改变自己的看法也没什么大不了的。讨论不仅是为了说服他人，也是为了不断学习。如果有人带着针对女性主义的愚蠢偏见来找你讨论，第241页至244页的"女性主义小贴士"能够帮助你。

寻找你的女性主义

你可以通过很多种方法加深对女性主义的了解：阅读女性主义博客文章、书籍和报刊，收听女性主义播客，观看女性主义相关视频……也许你会发现某个对你而言格外重要的女性主义话题。如果你希望对这个话题了解更多、关注更多，就去收集信息、参加讨论，找到适合你的女性主义。

摆脱性别歧视

我们生活在一个充斥着性别歧视的社会中，没有任何人能完全不受性别歧视的影响。你需要格外留心别陷入性别歧视的思维方式和行为模式：你最后一次用"轻贱""放荡"之类的词语议论一个穿低胸衣服的女孩是什么时候？你会说出"胸大无脑"之类的调侃玩笑吗？当你的男性朋友不敢跳水时，你会认为他缺乏阳刚之气吗？如果你是一个异性恋女性，你会认为第一次约会时男方应按照惯例买单吗？

与他人建立联系

独自抗争容易灰心，与他人共同努力将赢得更多成果。无论从网络上还是从身边，你都可以积极寻找志同道合的伙伴。你们不仅能够互相支持，还能够从对方身上了解到不同观点和视角：出身农村的女性主义者，常常成为课堂上唯一女性的物理专业学生，她们在日常生活中的经历都千差万别。

发声抗议

按照传统,女性主义者们每年都会在3月8日国际妇女节这天举行示威游行,这一节日也常常被社会活动家称为"妇女抗争日"。当然,人们也会采取其他的方式发声。比如在互联网上,你可以发起一个女性主义话题,也可以写博客文章来发表女性主义批评。发声抗议能够带来更多关注。如果人们在面对社会中的不公平时都保持沉默,一切就无法改变。

女性主义小贴士：如何反击典型偏见

女性主义者总是不得不反复面对一些极为愚蠢和错误的言论，这些言论常常荒唐到令人无语。如果你想反击，以下是一些能够帮助你的小贴士。

不过经验表明，有些人就是无法理喻，你可以自行决定是否要与他/她们理论。如果你觉得不需要在他/她们身上浪费时间，这同样没有问题！

"女性主义者仇视男人。"

"那你一定觉得奇怪，这么多女性主义者都有丈夫或者男友，也与许多男性建立了友谊。女性主义者反对的并非男人，而是父权制。她/他们并非厌恶男人，而是厌恶在我们的社会中，女性没有和男性一样得到平等对待。"

"女性主义歧视男人。"

"女性主义的抗争目标是，无论何种性别都不会受到歧视。"

"但女性配额制歧视男人!"

"并非如此。女性配额制只是弥补了女性的结构性劣势。自愿承诺提高女性地位在过去并无效果,因为担任管理岗位的男性更倾向于提拔男性。哦,对了,所谓的'女性配额制'真正的名字是'性别配额制'——当男性比例不足时,性别配额制也会做出相应的调整。"

"我们早就实现权利平等了。"

"仅仅停留在纸面上的平等是远远不够的。只要女性仍然生活在对性暴力的恐惧中,只要职场的玻璃天花板仍然存在,只要女性在政坛和社会中仍然难以担任要职,只要女性的收入仍然少于男性,只要女性仍然被不切实际的审美标准束缚,我们就需要女性主义。"

"从纯粹的生物学角度看,两性就是不同。"

"生物学的研究早已证明,性别是一种光谱。而大多数关于性别差异的研究都指出,男性和女性之间有极高的相似性。拥有阴道还是睾丸，究竟与一个人懂不懂科技、喜不喜欢购物有什么关系？"

"真恶心，女性主义者不刮腿毛。"
"真正恶心的是以外表贬低他人的做法。一个女人刮不刮腿毛完全由她自己决定。一个女人化不化妆、穿高跟鞋还是运动鞋也完全由她自己决定。女性主义者并不反对脱毛后的光滑小腿，而是反对女性必须剃除腿毛的社会规训。"

"但爱丽丝·施瓦泽（或别的某位女性主义者）曾说过……"
"女性主义并非要求所有人对所有事都持统一意见——其他社会运动或者政党却常常如此。如果我对某位女性主义者的某些言论有不同看法，甚至认为这些言论是错误的，也不意味着我不再是女性主义者。这一切也不会否定女性主义的合理性。"

"我也是女性，但我从没被歧视过。"

"恭喜你,但性别歧视并不只关乎你自己。许多女性的经历与你不同。她们会在当服务生时被客人性骚扰,会被说太胖了不要穿露脐上衣,会因为雇主更加青睐男性求职者而无法找到工作,会因为雇主担心她们可能怀孕而失去工作机会。许多女性在晚年只能领到微薄的养老金,因为她们此前为了照料孩子或亲属,只能做兼职工作。作为社会的一分子,我们怎能不努力去改变这些状况呢?"